대한민국 법령 시리즈 532

농어촌 등 보건의료를 위한 특별조치법

(약칭 : 농어촌의료법)

법령
시행령
시행규칙

해광출판사

머리말

이 책은 방대한 법전을 보지 않고 간편하게 해당되는 법령만 참고해서 볼 수 있도록 하였습니다. 공공기관이나 관련 종사자들이 쉽고 간편하게 해당 법령을 참조 할 수 있도록 하였습니다.

특히 해당법률은 물론 관련 시행령, 시행규칙을 함께 실어 관련법을 서로 참고할 수 있게 하였습니다.

법률이라는 것이 크든 작든 항상 변하는 관계로, 출간 이후의 정확하고 최신의 법률은 법제처 국가법령정보센터에서 확인이 가능하니 법률의 실제 적용 시 확인이 필요한 점 유의하기를 바랍니다.

편집부

* 수록 법률은 법제처 국가법령정보센터에서 확인 가능합니다.
* 발행일 기준 시행 법률이므로 최신 법령은 위 센터에서 볼 수 있습니다.
* 본 책자에 수록된 법률의 문구에 대하여 법적인 효력은 없으며,
  실제 적용 법률은 위 센터에서 최신의 법률로 확인하시기 바랍니다.
* 해당 법령과 함께 시행령, 시행규칙도 수록되어 있습니다.
* 발행일 기준으로 개정 예정 법률은 밑줄로 별도 표시되어 있으며,
  보다 정확한 것은 법제처에서 확인하기 바랍니다.

목차

농어촌 등 보건의료를 위한 특별조치법
(약칭 : 농어촌의료법)

[시행 2025. 3. 21.] [법률 제20449호, 2024. 9. 20., 타법개정]

**개정 예정 법률 밑줄 별도 표시.

농어촌 등 보건의료를 위한 특별조치법

(약칭 : 농어촌의료법)

[시행 2025. 3. 21.] [법률 제20449호, 2024. 9. 20., 타법개정]

제1장 총칙 〈개정 2012. 10. 22.〉

제1조(목적) 이 법은 농어촌 등 보건의료 취약지역의 주민 등에게 보건의료를 효율적으로 제공함으로써 국민이 고르게 의료혜택을 받게 하고 국민의 보건을 향상시키는 데에 이바지함을 목적으로 한다.

[전문개정 2012. 10. 22.]

제2조(정의) 이 법에서 사용하는 용어의 뜻은 다음과 같다.

1. "공중보건의사"란 공중보건업무에 종사하게 하기 위하여 「병역법」 제34조제1항에 따라 공중보건의사에 편입된 의사·치과의사 또는 한의사로서 보건복지부장관으로부터 공중보건업무에 종사할 것을 명령받은 사람을 말한다.

2. "공중보건업무"란 제5조의2제1항 각 호에 따른 기관 또는 시설에서 수행하는 보건의료업무를 말한다.

3. "보건진료 전담공무원"이란 제19조에 따른 의료행위를 하기 위하여 보건진료소에 근무하는 사람을 말한다.

4. “보건진료소”란 의사가 배치되어 있지 아니하고 계속하여 의사를 배치하기 어려울 것으로 예상되는 의료 취약지역에서 보건진료 전담공무원으로 하여금 의료행위를 하게 하기 위하여 시장·군수가 설치·운영하는 보건의료시설을 말한다.

[전문개정 2012. 10. 22.]

제2장 공중보건의사 〈개정 2012. 10. 22.〉

제3조(공중보건의사의 신분) ① 공중보건의사는 「국가공무원법」 제26조의5에 따른 임기제공무원으로 한다. 〈개정 2012. 12. 11.〉

② 공중보건의사가 제5조제1항에 따라 보건복지부장관의 종사명령을 받은 경우에는 「국가공무원법」 제26조의5에 따른 임기제공무원으로 임용된 것으로 본다. 〈개정 2012. 12. 11.〉

[전문개정 2012. 10. 22.]

제3조의2(결격사유) 「국가공무원법」 제33조 각 호의 어느 하나에 해당하는 사람은 공중보건의사로 임용될 수 없다.

[전문개정 2012. 10. 22.]

제3조의3(공중보건의사의 수급관리 및 실태조사) ① 보건복지부장관은 국방부장관과 협의하여 공중보건의사의 적정 수급을 위한 정책을 수립·시행하여야 한다.

② 보건복지부장관은 제1항에 따른 정책을 수립하는 경우 공중보건의사의 신규 편입 현황 등을 고려한 장기적인 인력수요 전망을 반영하여야 한다.

③ 보건복지부장관은 공중보건의사의 실태 및 특성을 파악하기 위

하여 3년마다 다음 각 호의 사항에 관하여 실태조사를 실시하고, 그 결과를 공표하여야 한다.

1. 공중보건의사 공급 현황

2. 의료취약지 등 공중보건의사 배치 현황

3. 공중보건의사의 근무형태, 근무여건 및 처우, 근무만족도 등 근무환경 및 복지 등에 관한 사항

4. 그 밖에 공중보건의사의 실태 및 특성 파악에 필요한 사항으로서 보건복지부장관이 정하는 사항

④ 보건복지부장관은 제1항에 따른 정책의 수립 및 제3항에 따른 실태조사 등을 위하여 필요한 경우 관계 중앙행정기관의 장, 지방자치단체의 장, 공공기관(「공공기관의 운영에 관한 법률」 제4조에 따른 공공기관을 말한다)의 장, 관련 기관 및 단체의 장에게 필요한 자료 또는 정보의 제공을 요청할 수 있다. 이 경우 자료 또는 정보의 제공을 요청받은 자는 정당한 사유가 없으면 자료 또는 정보를 제공하여야 한다.

⑤ 제3항에 따른 실태조사의 내용·방법 및 공표 등에 필요한 사항은 보건복지부령으로 정한다.

[본조신설 2024. 2. 20.]

제4조(공중보건의사의 명단 통보) 병무청장은 「병역법」 제34조제1항에 따라 공중보건의사에 편입된 의사·치과의사 또는 한의사의 명단을 보건복지부장관에게 통보하여야 한다.

[전문개정 2012. 10. 22.]

제5조(종사명령 등) ① 보건복지부장관은 제4조에 따른 명단 통보를

받으면 지체 없이 해당 의사·치과의사 또는 한의사에 대하여 근무할 지역·기관 또는 시설을 정하여 공중보건업무에 종사할 것을 명하고, 이를 해당 광역시장·특별자치시장·도지사·특별자치도지사(이하 “시·도지사”라 한다) 또는 배치기관의 장(보건복지부장관이 직접 배치한 기관의 장을 말한다. 이하 같다) 및 병무청장에게 통보하여야 한다.

② 시·도지사는 제1항에 따른 명단 통보를 받으면 지체 없이 해당 공중보건의사를 소집하여 공중보건업무 수행에 필요한 직무교육을 한 후 근무할 지역·기관 또는 시설을 지정하고, 그 결과를 지체 없이 보건복지부장관에게 통보하여야 한다. 〈개정 2024. 9. 20.〉

③ 보건복지부장관은 국민보건의료를 위하여 특히 필요하다고 인정할 때에는 직접 직무교육을 할 수 있다.

④ 제2항 및 제3항의 직무교육의 기간은 제7조제1항에 따른 의무복무기간에 산입(算入)한다.

⑤ 시·도지사는 제2항에 따라 공중보건의사가 근무할 지역·기관 또는 시설을 지정할 때에는 군 보건소와 읍·면의 보건지소에 공중보건의사가 우선 배치되도록 하여야 한다.

⑥ 제1항의 종사명령과 제2항 및 제3항의 직무교육에 필요한 사항은 보건복지부령으로 정한다.

[전문개정 2012. 10. 22.]

제5조의2(공중보건의사의 배치기관 및 배치시설) ① 제5조제1항 및 제2항에 따라 보건복지부장관 또는 시·도지사가 공중보건의사를 배치할 수 있는 기관 또는 시설은 다음 각 호와 같다.

1. 보건소 또는 보건지소

2. 국가 · 지방자치단체 또는 공공단체가 설립 · 운영하는 병원으로서 보건복지부장관이 정하는 병원(이하 이 조에서 "공공병원"이라 한다)

3. 공공보건의료연구기관

4. 공중보건사업의 위탁사업을 수행하는 기관 또는 단체

5. 보건의료정책을 수행할 때에 공중보건의사의 배치가 필요한 기관 또는 시설로 대통령령으로 정하는 기관 또는 시설

② 제1항에 따른 보건소 및 공공병원은 특별시 · 광역시(광역시의 관할구역에 있는 군 지역은 제외한다) 외의 지역에 있는 기관 및 시설로 한정한다.

[전문개정 2012. 10. 22.]

제6조(근무지역 등의 변경) ① 보건복지부장관은 필요하다고 인정하면 공중보건의사의 근무지역 또는 근무기관 · 근무시설을 변경할 수 있다. 다만, 같은 광역시 · 특별자치시 · 도 · 특별자치도(이하 "시 · 도"라 한다) 내 또는 같은 시 · 군 · 구(자치구를 말한다. 이하 같다) 내에서의 변경은 해당 시 · 도지사 또는 시장 · 군수 · 구청장(자치구의 구청장을 말한다. 이하 같다)이 한다.

② 제1항 단서에 따라 공중보건의사의 근무지역 또는 근무기관 · 근무시설을 변경한 시 · 도지사 또는 시장 · 군수 · 구청장은 그 결과를 지체 없이 보건복지부장관에게 통보하여야 한다. 〈개정 2024. 9. 20.〉

[전문개정 2012. 10. 22.]

제6조의2(파견근무) ① 보건복지부장관은 감염병 또는 재해 발생 등의 사유로 의료 인력이 긴급히 필요하다고 인정할 때에는 공중보건의사를 다른 지역ㆍ기관 또는 시설에 파견하여 근무하게 할 수 있다. 다만, 같은 시ㆍ도 내 또는 같은 시ㆍ군ㆍ구 내의 파견은 해당 시ㆍ도지사 또는 시장ㆍ군수ㆍ구청장이 한다.

② 제1항 단서에 따라 공중보건의사의 파견을 명령한 시ㆍ도지사 또는 시장ㆍ군수ㆍ구청장은 그 결과를 지체 없이 보건복지부장관에게 통보하여야 한다. 〈개정 2024. 9. 20.〉

③ 제1항에 따른 파견근무는 제5조의2에 따른 배치기관 또는 배치시설이 아닌 경우에도 할 수 있다. 이 경우 시ㆍ도지사 또는 시장ㆍ군수ㆍ구청장은 보건복지부장관의 승인을 받아야 한다.

[전문개정 2012. 10. 22.]

제7조(의무복무기간) ① 공중보건의사의 의무복무기간은 「병역법」 제55조에 따라 받는 군사교육소집기간 외에 3년으로 한다. 〈개정 2016. 5. 29.〉

② 제1항에 따른 의무복무기간을 마친 공중보건의사에 대하여는 「병역법」 제34조제2항에 따라 사회복무요원 복무를 마친 것으로 본다. 〈개정 2013. 6. 4.〉

③ 보건복지부장관은 제1항에 따른 의무복무기간을 마친 공중보건의사의 명단을 병무청장에게 통보하여야 한다.

[전문개정 2012. 10. 22.]

제8조(직장 이탈 금지) ① 공중보건의사는 해당 특별자치시장ㆍ특별자치도지사ㆍ시장ㆍ군수ㆍ구청장 또는 배치기관의 장의 허가 없이

근무시간에 직장을 이탈하여서는 아니 된다.

② 보건복지부장관, 시 · 도지사 또는 시장 · 군수 · 구청장은 다음 각 호의 어느 하나에 해당할 때에는 그 관할구역에 있는 공중보건의사에게 근무지역의 이탈 금지를 명할 수 있다.

1. 해당 관할구역의 응급환자 진료를 위하여 필요할 때

2. 해당 관할구역에 「의료법」 제3조에 따른 의료기관(이하 "의료기관"이라 한다)이 없거나 야간 또는 공휴일에 진료를 하는 의료기관이 없는 다음 각 목의 지역으로 주민들의 건강보호를 위하여 필요할 때

가. 「도서개발 촉진법」 제2조에 따른 도서

나. 「접경지역 지원 특별법」 제2조제1호에 따른 접경지역

3. 감염병 및 재해 등으로 많은 환자가 발생하거나 그 밖에 이에 준하는 사유가 발생한 경우

③ 제2항에 따른 근무지역의 범위는 보건복지부령으로 정한다.

④ 시 · 도지사, 시장 · 군수 · 구청장은 제2항에 따라 공중보건의사에 대한 근무지역 이탈 금지를 명하였을 때에는 지체 없이 이를 보건복지부장관에게 통보하여야 한다. 〈개정 2024. 9. 20.〉

[전문개정 2012. 10. 22.]

제9조(공중보건의사의 복무) ① 공중보건의사는 의무복무기간 동안 공중보건업무에 성실히 종사하여야 하며, 제5조제1항에 따라 부여받은 공중보건업무 외의 업무에 종사하여서는 아니 된다

② 보건복지부장관은 공중보건의사가 제8조제1항 및 제2항에 따른 명령을 위반하여 의무복무기간 중 통틀어 7일 이내의 기간 동안

직장을 이탈하거나 근무지역을 이탈하였을 때에는 그 이탈일수의 5배의 기간을 연장하여 근무할 것을 명할 수 있다.

③ 보건복지부장관은 공중보건의사가 제1항을 위반하여 공중보건 업무 외의 업무에 종사하였을 때에는 그 업무에 종사한 일수의 5배의 기간을 연장하여 근무할 것을 명할 수 있다.

④ 보건복지부장관은 공중보건의사가 장기입원 또는 요양 등 직무 외의 사유로 1개월 이상 근무하지 못한 경우에는 그 기간만큼 연장하여 근무할 것을 명할 수 있다.

⑤ 보건복지부장관은 제2항부터 제4항까지의 규정에 따라 의무복무기간 연장을 명할 때에는 미리 상대방에게 의견을 진술할 기회를 주어야 한다.

⑥ 공중보건의사가 제2항부터 제4항까지의 규정에 따라 보건복지부장관의 근무기간 연장 명령을 받은 경우에는 채용계약 기간이 연장된 것으로 본다.

⑦ 공중보건의사가 「병역법」 제35조제2항 및 제4항에 따라 편입이 취소되거나 제12조제1항에 따라 전공의(專攻醫) 수련이 허가된 경우에는 채용계약이 해지된 것으로 본다.

⑧ 공중보건의사의 복무에 관하여는 이 법에서 규정한 사항을 제외하고는 「국가공무원법」에 따른다.

[전문개정 2012. 10. 22.]

제9조의2(신분 상실 및 박탈) ① 공중보건의사가 다음 각 호의 어느 하나에 해당하는 경우에는 공중보건의사의 신분을 상실한다.

1. 「국가공무원법」 제33조 각 호의 어느 하나에 해당하는 경우.

다만, 「국가공무원법」 제33조제5호의 경우에는 같은 법 제69조 단서에 따른다.

2. 의사 · 치과의사 · 한의사의 자격을 상실하거나 정지당한 경우

② 보건복지부장관은 공중보건의사가 다음 각 호의 어느 하나에 해당하면 직권으로 신분을 박탈할 수 있다. 다만, 제1호 및 제2호 중 어느 하나에 해당하는 경우에는 신분을 박탈하여야 한다. 〈개정 2021. 8. 17.〉

1. 정당한 사유 없이 제5조제2항 및 제3항의 직무교육에 응하지 아니한 경우

2. 정당한 사유 없이 제8조제1항을 위반하여 의무복무기간 중 통틀어 8일 이상의 기간 동안 직장을 이탈하거나 같은 조 제2항의 명령을 위반하여 통틀어 8일 이상의 기간 동안 근무지역을 이탈한 경우

3. 신체적 · 정신적 장애로 1년 이내 또는 생사나 행방을 알 수 없게 된 후 3개월 이내에 직무에 복귀할 수 없거나 직무를 감당할 수 없는 경우

4. 이 법 또는 이 법에 따른 명령이나 그 밖의 직무상 의무를 위반하거나 근무성적이 극히 불량하여 공중보건의사의 신분을 가지는 것이 부적당한 경우

[전문개정 2012. 10. 22.]

제9조의3(청문) 보건복지부장관은 제9조의2제2항에 따라 공중보건의사 신분 박탈의 처분을 하려는 경우에는 청문을 하여야 한다.

[본조신설 2021. 8. 17.]

제10조(신분조치 통보) 보건복지부장관은 공중보건의사가 제9조의2

에 따라 신분을 상실하거나 박탈당하였을 때에는 지체 없이 그 명단을 병무청장에게 통보하여야 한다.

[전문개정 2012. 10. 22.]

제11조(보수 등) ① 보건복지부장관은 공중보건의사에게 군인보수의 한도에서 보수를 지급한다. 다만, 제5조의2제1항제5호의 기관 또는 시설 중 「의료법」 제3조에 따라 개설된 민간 의료기관에 배치된 공중보건의사의 보수는 해당 민간 의료기관의 장이 지급한다.

② 공중보건의사의 수당 및 직무 수행에 필요한 여비 등은 보건복지부장관이 정하는 바에 따라 공중보건의사를 배치받은 기관 또는 시설의 장이 지급한다. 다만, 불성실 근무자에 대하여는 보건복지부장관이 정하는 바에 따라 수당을 제한할 수 있다. 〈개정 2016. 2. 3.〉

③ 보건복지부장관은 제1항 단서 및 제2항에 따라 공중보건의사를 배치받은 기관 또는 시설의 장이 지급하는 보수, 수당 및 직무 수행에 필요한 여비 등(이하 "보수등"이라 한다)에 관하여 현황조사를 실시할 수 있다. 〈신설 2021. 7. 27.〉

④ 보건복지부장관은 제3항에 따른 현황조사를 실시하는 경우 필요한 자료를 해당 기관 또는 시설의 장에게 요청할 수 있다. 이 경우 요청을 받은 기관 또는 시설의 장은 정당한 사유가 없으면 이에 따라야 한다. 〈신설 2021. 7. 27.〉

⑤ 보건복지부장관은 제3항에 따른 현황조사 결과 공중보건의사를 배치받은 기관 또는 시설의 장이 공중보건의사에게 정당한 사유 없이 보수등의 전부 또는 일부를 지급하지 아니한 경우 해당 기관 또는 시설에 대하여 공중보건의사의 배치를 취소하거나 감축하는 등

필요한 조치를 하여야 한다. 〈신설 2021. 7. 27.〉

⑥ 제1항에 따른 보수의 기준은 대통령령으로 정한다. 〈개정 2021. 7. 27.〉

[전문개정 2012. 10. 22.]

제12조(공중보건의사의 수련) ① 보건복지부장관은 공중보건의사에 대하여 1년의 범위에서 전공의 수련을 허가할 수 있다.

② 제1항에 따른 수련기간은 제7조제1항에 따른 의무복무기간에 산입하지 아니한다.

③ 공중보건의사의 수련허가신청 등에 필요한 사항은 보건복지부령으로 정한다.

[전문개정 2012. 10. 22.]

제13조 삭제 〈2000. 1. 12.〉

제14조(복무 감독) 특별자치시장 · 특별자치도지사 · 시장 · 군수 · 구청장 또는 배치기관의 장은 공중보건의사의 복무에 관하여 관할지역 또는 해당 기관에 근무하는 공중보건의사를 지도 · 감독한다.

[전문개정 2012. 10. 22.]

제14조의2 삭제 〈2014. 1. 28.〉

제14조의3(공중보건의사 배치의 적정성 평가) ① 보건복지부장관은 공중보건의사를 효율적으로 활용하기 위하여 공중보건의사 배치의 적정성을 평가하고 그 결과를 다음 연도의 배치에 반영할 수 있다.

② 보건복지부장관은 제1항에 따른 평가를 관계 전문기관에 위탁할 수 있다. 〈개정 2014. 1. 28.〉

③ 보건복지부장관은 제1항에 따른 공중보건의사 배치의 적정성

을 평가하기 위하여 필요한 경우에는 현장조사를 하거나 관계자의 의견을 들을 수 있다.

[전문개정 2012. 10. 22.]

제3장 보건진료소 및 보건진료 전담공무원 〈개정 2012. 10. 22.〉

제15조(보건진료소의 설치ㆍ운영) ① 시장[도농복합형태(都農複合形態)의 시의 시장을 말하며, 읍ㆍ면 지역에서 보건진료소를 설치ㆍ운영하는 경우만 해당한다] 또는 군수는 보건의료 취약지역의 주민에게 보건의료를 제공하기 위하여 보건진료소를 설치ㆍ운영한다. 다만, 시ㆍ구의 관할구역의 도서지역에는 해당 시장ㆍ구청장이 보건진료소를 설치ㆍ운영할 수 있으며, 군 지역에 있는 보건진료소의 행정구역이 행정구역의 변경 등으로 시 또는 구 지역으로 편입된 경우에는 보건복지부장관이 정하는 바에 따라 해당 시장 또는 구청장이 보건진료소를 계속 운영할 수 있다.

② 보건진료소에 보건진료소장 1명과 필요한 직원을 두되, 보건진료소장은 보건진료 전담공무원으로 보한다.

③ 보건진료소의 설치기준은 보건복지부령으로 정한다.

[전문개정 2012. 10. 22.]

제16조(보건진료 전담공무원의 자격) ① 보건진료 전담공무원은 간호사ㆍ조산사 면허를 가진 사람으로서 보건복지부장관이 실시하는 24주 이상의 직무교육을 받은 사람이어야 한다.

② 제1항의 직무교육에 필요한 사항은 보건복지부령으로 정한다.

[전문개정 2012. 10. 22.]

제17조(보건진료 전담공무원의 신분 및 임용) ① 보건진료 전담공무원은 지방공무원으로 하며, 특별자치시장·특별자치도지사·시장·군수 또는 구청장이 근무지역을 지정하여 임용한다.

② 특별자치시장·특별자치도지사·시장·군수 또는 구청장은 보건진료 전담공무원이 다음 각 호의 어느 하나에 해당하는 경우에는 그 보건진료 전담공무원을 징계할 수 있다.

1. 정당한 이유 없이 지정받은 근무지역 밖에서 의료행위를 한 경우

2. 제19조에 따른 범위를 넘어 의료행위를 한 경우

3. 제20조에 따른 관할구역 이탈금지 명령을 위반하여 허가 없이 연속하여 7일 이상 관할구역을 이탈한 경우

③ 제2항에 따른 징계의 절차·방법, 그 밖에 필요한 사항은 「지방공무원법」에 따른다.

[전문개정 2012. 10. 22.]

제18조(보건진료 전담공무원의 보수교육) ① 보건복지부장관은 보건진료 전담공무원의 자질 향상을 위하여 필요하다고 인정하면 보수교육(補修敎育)을 받을 것을 명할 수 있다.

② 제1항의 보수교육의 기간·내용과 그 밖에 필요한 사항은 보건복지부령으로 정한다.

[전문개정 2012. 10. 22.]

제19조(보건진료 전담공무원의 의료행위의 범위) 보건진료 전담공무원은 「의료법」 제27조에도 불구하고 근무지역으로 지정받은 의료

취약지역에서 대통령령으로 정하는 경미한 의료행위를 할 수 있다.

[전문개정 2012. 10. 22.]

제20조(보건진료 전담공무원의 관할구역 이탈금지) ① 특별자치시장·특별자치도지사·시장·군수 또는 구청장은 다음 각 호의 어느 하나에 해당하는 경우 해당 관할구역의 보건진료 전담공무원에 대하여 관할구역 이탈금지를 명할 수 있다.

1. 해당 관할구역의 응급환자 처치를 위하여 필요한 때

2. 해당 관할구역에 「의료법」 제3조에 따른 의료기관이 없는 다음 각 목의 지역으로 주민들의 건강보호를 위하여 필요한 때

가. 「도서개발 촉진법」 제2조에 따른 도서

나. 「접경지역 지원 특별법」 제2조제1호에 따른 접경지역

3. 감염병 및 재해 등으로 많은 환자가 발생하거나 그 밖에 이에 준하는 사유가 발생한 경우

② 제1항에 따른 관할구역의 범위는 조례로 정하며, 관할구역 이탈금지에 관한 세부적인 사항은 보건복지부령으로 정한다.

③ 특별자치시장·특별자치도지사·시장·군수 또는 구청장은 보건진료 전담공무원이 해당 보건진료소의 관사에 거주하는 경우에는 예산의 범위에서 관사운영비를 지원할 수 있다.

[전문개정 2012. 10. 22.]

제21조(보건진료소운영협의회) ① 보건진료소 운영을 원활히 하기 위하여 보건진료소가 설치되어 있는 지역마다 주민으로 구성되는 보건진료소운영협의회를 둔다.

② 보건진료소운영협의회는 다음의 업무를 수행한다.

1. 보건진료소의 운영 지원

2. 보건진료소 운영에 관한 건의

③ 보건진료소운영협의회의 조직과 운영에 필요한 사항은 해당 지방자치단체의 조례로 정한다.

[전문개정 2012. 10. 22.]

第22조(보조금 지급 및 조세 감면) ① 국가ㆍ도 및 특별자치도는 시(도농복합형태의 시를 말하며, 읍ㆍ면 지역에서 보건진료소를 설치ㆍ운영하는 경우만 해당한다)ㆍ군에 보건진료소의 설치비와 부대비의 일부를 보조한다. 이 경우 국고보조금은 설치비와 부대비의 3분의 2 이내로 하고, 도비보조금(道費補助金)은 설치비와 부대비의 3분의 1 이내로 한다.

② 국가 또는 지방자치단체는 제26조제2항에 따라 공중보건업무의 일부를 위탁받은 민간 보건의료시설에 그 운영비의 일부를 보조할 수 있다. 이 경우 그 보조 범위는 보건복지부령으로 정한다.

③ 국가 또는 지방자치단체는 제2항에 따른 시설에 대하여는 「조세특례제한법」, 「지방세법」 등 조세 관계 법령에서 정하는 바에 따라 세제상의 지원을 할 수 있다.

[전문개정 2012. 10. 22.]

第23조(지도ㆍ감독) ① 특별자치시장ㆍ특별자치도지사ㆍ시장ㆍ군수 또는 구청장은 보건진료소의 업무를 지도ㆍ감독한다.

② 특별자치시장ㆍ특별자치도지사ㆍ시장ㆍ군수 또는 구청장은 해당 보건소장 또는 보건지소장에게 보건진료 전담공무원의 의료행위를 지도ㆍ감독하게 할 수 있다.

[전문개정 2012. 10. 22.]

제24조(보건진료 전담공무원의 복무) 보건진료 전담공무원의 복무에 관하여는 이 법에서 규정한 사항을 제외하고는 「지방공무원법」에 따른다.

[전문개정 2012. 10. 22.]

제25조(진료비) 보건진료소의 진료수가기준(診療酬價基準)은 보건복지부장관이 정하는 바에 따른다.

[전문개정 2012. 10. 22.]

제4장 보칙 〈개정 2012. 10. 22.〉

제26조(권한의 위임 또는 업무의 위탁) ① 이 법에 따른 보건복지부장관, 시 · 도지사 또는 시장 · 군수 · 구청장의 권한은 대통령령으로 정하는 바에 따라 그 일부를 시 · 도지사, 시장 · 군수 · 구청장, 배치기관의 장 또는 보건소장에게 위임하거나 위탁할 수 있다.

② 보건복지부장관은 대통령령으로 정하는 바에 따라 공중보건업무의 일부를 민간 보건의료시설에 위탁할 수 있다.

[전문개정 2012. 10. 22.]

부칙 〈제4430호, 1991. 12. 14.〉

제1조 (시행일) 이 법은 공포한 날부터 시행한다. 다만, 제3조의 규정은 1992년 6월 1일부터, 제17조의 규정은 1992년 4월 1일부터 시행한다.

제2조 (다른 법률의 개정) ①병역의무의특례규제에관한법률중 다음

과 같이 개정한다.

제2조제3호중 "농어촌보건의료를위한특별조치법"을 "농어촌등보건의료를위한특별조치법"으로 한다.

제14조제1항제8호중 "농어촌보건의료를위한특별조치법"을 "농어촌등보건의료를위한특별조치법"으로 하고, 동조동항제9호중 "농어촌보건의료를위한특별조치법 제10조"를 "농어촌등보건의료를위한특별조치법 제9조"로, "이탈한 때"를 "이탈하거나 공중보건업무에 종사하지 아니한 때"로 하며, 동조동항제10호중 "농어촌보건의료를위한특별조치법 제11조"를 "농어촌등보건의료를위한특별조치법 제10조"로, "이탈한 때"를 "이탈하거나 공중보건업무에 종사하지 아니한 때"로 한다.

제15조제1항제6호중 "농어촌보건의료를위한특별조치법"을 "농어촌등보건의료를위한특별조치법"으로 하고, 동조동항제7호중 "농어촌보건의료를위한특별조치법 제11조"를 "농어촌등보건의료를위한특별조치법 제10조"로, "이탈한 자"를 "이탈하거나 공중보건업무에 종사하지 아니한 자"로 하며, 동조제3항 본문중 "농어촌보건의료를위한특별조치법"을 "농어촌등보건의료를위한특별조치법"으로 하고, 동조동항제1호중 "농어촌보건의료를위한특별조치법 제10조"를 "농어촌등보건의료를위한특별조치법 제9조"로, "이탈한 자"를 "이탈하거나 공중보건업무에 종사하지 아니한 자"로 한다.

②의료법중 다음과 같이 개정한다.

제52조제1항제2호중 "농어촌보건의료를위한특별조치법"을 "농어촌등보건의료를위한특별조치법"으로 한다.

부칙 〈제4685호, 1993. 12. 31.〉 (병역법)

제1조 (시행일) 이 법은 1994년 1월 1일부터 시행한다. 〈단서 생략〉

제2조 내지 제16조 생략

제17조 (다른 법률의 개정) ①및 ②생략

③농어촌등보건의료를위한특별조치법중 다음과 같이 개정한다.

1. 제2조제1항중 “병역의무의특례규제에관한법률 제8조 및 제12조의 규정에 의하여 특례보충역에 편입된 의사 또는 치과의사”를 “병역법 제34조제1항의 규정에 의하여 공중보건의사에 편입된 의사 치과의사 또는 한의사”로 한다.

2. 제4조중 “병역의무의특례규제에관한법률 제8조 및 제12조의 규정에 의하여 특례보충역에 편입된 의사 또는 치과의사”를 “병역법 제34조제1항의 규정에 의하여 공중보건의사에 편입된 의사 치과의사 또는 한의사”로 한다.

3. 제5조제1항 및 제13조제1항중 “의사 또는 치과의사”를 각각 “의사 치과의사 또는 한의사”로 한다.

4. 제7조제1항중 “병역의무의특례규제에관한법률 제13조의 규정에 의하여 방위소집복무를 마친 것으로 본다”를 “병역법 제34조제2항의 규정에 의하여 공익근무요원복무를 마친 것으로 본다”로 한다.

5. 제9조제1항중 “병역법 제50조제5항의 규정에 의하여 의무분야의 현역장교의 병적에 편입된 자가 받는 군사교육기간외에”를 “병역법 제55조의 규정에 의하여 받는 교육소집기간외에”로 한다.

④내지 ⑩생략

제18조 및 제19조 생략

부칙 〈제4796호, 1994. 12. 22.〉 (도농복합형태의시설치에따른행정특례등에관한법률)

제1조 (시행일) 이 법은 1995년 1월 1일부터 시행한다.

제2조 생략

제3조 (다른 법률의 개정) ①내지 ⑳생략

㉑농어촌등보건의료를위한특별조치법중 다음과 같이 개정한다.

제15조제1항 본문중 "군수는"을 "시장 (도농복합형태의 시의 시장을 말하며, 읍 면지역에서 보건진료소를 설치 운영하는 경우에 한한다) 군수는"으로 한다.

제22조중 "군에"를 "시(도농복합형태의 시를 말하며, 읍 면지역에서 보건 진료소를 설치 운영하는 경우에 한한다) 군에"로 한다.

㉒내지 ㉕생략

제4조 생략

부칙 〈제5453호, 1997. 12. 13.〉 (행정절차법의시행에따른공인회계사법등의정비에관한법률)

제1조 (시행일) 이 법은 1998년 1월 1일부터 시행한다. 〈단서 생략〉

제2조 생략

부칙 〈제5454호, 1997. 12. 13.〉 (정부부처명칭등의변경에따른건축법등의정비에관한법률)

이 법은 1998년 1월 1일부터 시행한다. 〈단서 생략〉

부칙 〈제6156호, 2000. 1. 12.〉

이 법은 공포후 6월이 경과한 날부터 시행한다.

부칙 〈제6800호, 2002. 12. 18.〉

이 법은 공포한 날부터 시행한다.

부칙 〈제8334호, 2007. 4. 6.〉

이 법은 공포 후 6개월이 경과한 날부터 시행한다.

부칙 〈제8366호, 2007. 4. 11.〉 (의료법)

제1조 (시행일) 이 법은 공포한 날부터 시행한다. 〈단서 생략〉

제2조 내지 제19조 생략

제20조 (다른 법률의 개정) ①내지 ⑤생략

⑥농어촌등보건의료를위한특별조치법 일부를 다음과 같이 개정한다.

제19조 중 "의료법 제25조"를 "「의료법」 제27조"로 한다.

⑦내지 ⑰생략

제21조 생략

부칙 〈제8852호, 2008. 2. 29.〉 (정부조직법)

제1조(시행일) 이 법은 공포한 날부터 시행한다. 다만, · · · 〈생략〉 · · · 부칙 제6조에 따라 개정되는 법률 중 이 법의 시행 전에 공포되었으나 시행일이 도래하지 아니한 법률을 개정한 부분은 각각 해당 법률의 시행일부터 시행한다.

제2조 부터 제5조까지 생략

제6조(다른 법률의 개정) ① 부터 〈456〉 까지 생략

〈457〉 농어촌 등 보건의료를 위한 특별조치법 일부를 다음과 같이 개정한다.

제2조제1호, 제3조제2항, 제5조의2제1항 각 호 외의 부분 및 제2호, 제6조의2제1항 본문, 제2항 및 제3항 후단, 제7조제3항, 제8조제2항 각 호 외의 부분 및 제4항, 제9조제2항, 제9조의2제2항 각 호 외의 부분 본문, 제10조, 제14조의2제1항, 제14조의3제1항부터 제3항까지, 제26조제1항중 "보건복지부장관"을 각각 "보건복지가족부장관"으로 한다.

제4조 및 제5조제1항부터 제3항까지, 제6조제1항 본문 및 제2항, 제9조제3항 및 제4항, 제12조제1항, 제15조제1항 단서, 제16조제1항, 제18조제1항 및 제25조 및 제26조제2항 중 "보건복지부장관"을 각각 "보건복지가족부장관"으로 한다.

제5조제6항, 제15조제3항, 제16조제2항, 제18조제2항 및 제22조제2항 후단 중 "보건복지부령"을 각각 "보건복지가족브령"으로 한다.

제8조제3항, 제12조제3항 및 제14조의2제2항 중 "보건복지부령"을 각각 "보건복지가족부령"으로 한다.

〈458〉 부터 〈760〉 까지 생략

제7조 생략

부칙 〈제9847호, 2009. 12. 29.〉 (감염병의 예방 및 관리에 관한 법률)

제1조(시행일) 이 법은 공포 후 1년이 경과한 날부터 시행한다.
제2조 부터 제20조까지 생략
제21조(다른 법률의 개정) ① 부터 ③ 까지 생략
④ 농어촌 등 보건의료를 위한 특별조치법 일부를 다음과 같이 개정한다.
제6조의2제1항 본문 및 제8조제2항제3호 중 "전염병"을 각각 "감염병"으로 한다.
⑤ 부터 ㉚ 까지 생략
제22조 생략

부칙 〈제9932호, 2010. 1. 18.〉 (정부조직법)
제1조(시행일) 이 법은 공포 후 2개월이 경과한 날부터 시행한다. 〈단서 생략〉
제2조 및 제3조 생략
제4조(다른 법률의 개정) ① 부터 ㊵ 까지 생략
㊶ 농어촌 등 보건의료를 위한 특별조치법 일부를 다음과 같이 개정한다.
제2조제1호, 제3조제2항, 제4조, 제5조제1항부터 제3항까지, 제5조의2제1항 각 호 외의 부분 및 제2호, 제6조제1항 본문 · 제2항, 제6조의2제1항 본문 · 제2항 · 제3항 후단, 제7조제3항, 제8조제2항 각 호 외의 부분 · 제4항, 제9조제2항부터 제4항까지, 제9조의2제2항 각 호 외의 부분 본문, 제10조, 제12조제1항, 제14조의2제1항, 제14조의3제1항부터 제3항까지, 제15조제1항 단서, 제16조제1항,

제18조제1항, 제25조 및 제26조제1항·제2항 중 “보건복지가족부장관”을 각각 “보건복지부장관”으로 한다.

제5조제6항, 제8조제3항, 제12조제3항, 제14조의2제2항, 제15조제3항, 제16조제2항, 제18조제2항 및 제22조제2항 후단 중 “보건복지가족부령”을 “보건복지부령”으로 한다.

㊷ 부터 〈137〉 까지 생략

제5조 생략

부칙 〈제10653호, 2011. 5. 19.〉 (접경지역 지원 특별법)

제1조(시행일) 이 법은 공포 후 1개월이 경과한 날부터 시행한다.

제2조 부터 제9조까지 생략

제10조(다른 법률의 개정) ① 생략

② 농어촌 등 보건의료를 위한 특별조치법 일부를 다음과 같이 개정한다.

제8조제2항제2호다목 중 “「접경지역지원법」”을 “「접경지역 지원 특별법」”으로 한다.

③ 및 ④ 생략

제11조 생략

부칙 〈제11514호, 2012. 10. 22.〉

제1조(시행일) 이 법은 공포 후 3개월이 경과한 날부터 시행한다.

제2조(징계에 관한 적용례) 제17조제2항의 개정규정은 이 법 시행 후 최초로 실시하는 징계부터 적용한다.

제3조(보건진료원에 대한 경과조치) 이 법 시행 당시 종전의 규정에 따라 임용된 보건진료원은 이 법에 따라 보건진료 전담공무원으로 임용된 것으로 본다.

부칙 〈제11530호, 2012. 12. 11.〉 (국가공무원법)

제1조(시행일) 이 법은 공포 후 1년이 경과한 날부터 시행한다. 〈단서 생략〉

제2조 부터 제5조까지 생략

제6조(다른 법률의 개정) ①부터 ⑭까지 생략

⑮ 법률 제11514호 농어촌 등 보건의료를 위한 특별조치법 일부개정법률 일부를 다음과 같이 개정한다.

제3조제1항 중 "계약직공무원"을 "「국가공무원법」 제26조의5에 따른 임기제공무원"으로 하고, 같은 조 제2항 중 "「국가공무원법」 제2조제3항제3호에 따른 계약직공무원으로 채용된"을 "「국가공무원법」 제26조의5에 따른 임기제공무원으로 임용된"으로 한다.

⑯부터 ㉗까지 생략

제7조 생략

부칙 〈제11849호, 2013. 6. 4.〉 (병역법)

제1조(시행일) 이 법은 공포 후 6개월이 경과한 날부터 시행한다. 〈단서 생략〉

제2조 부터 제6조까지 생략

제7조(다른 법률의 개정) ①부터 ⑧까지 생략

⑨ 농어촌 등 보건의료를 위한 특별조치법 일부를 다음과 같이 개정한다.

제7조제2항 중 "공익근무요원"을 "사회복무요원"으로 한다.

⑩부터 ⑲까지 생략

부칙 〈제12359호, 2014. 1. 28.〉 (국민건강증진법)

제1조(시행일) 이 법은 공포 후 6개월이 경과한 날부터 시행한다.

제2조 생략

제3조(다른 법률의 개정) 농어촌 등 보건의료를 위한 특별조치법 일부를 다음과 같이 개정한다.

제14조의2를 삭제한다.

제14조의3제2항 중 "제14조의2에 따른 지역보건사업지원단이나 그 밖의 관계 전문기관"을 "관계 전문기관"으로 한다.

부칙 〈제13989호, 2016. 2. 3.〉

이 법은 공포 후 3개월이 경과한 날부터 시행한다.

부칙 〈제14183호, 2016. 5. 29.〉 (병역법)

제1조(시행일) 이 법은 공포 후 6개월이 경과한 날부터 시행한다. 〈단서 생략〉

제2조 부터 제4조까지 생략

제5조(다른 법률의 개정) ①부터 ⑨까지 생략

⑩ 농어촌 등 보건의료를 위한 특별조치법 일부를 다음과 같이

개정한다.

제7조제1항 중 "교육소집기간"을 "군사교육소집기간"으로 한다.

⑪부터 ㉒까지 생략

부칙 〈제18329호, 2021. 7. 27.〉

이 법은 공포 후 3개월이 경과한 날부터 시행한다.

부칙 〈제18413호, 2021. 8. 17.〉

제1조(시행일) 이 법은 공포 후 6개월이 경과한 날부터 시행한다.

제2조(공중보건의사의 신분 박탈에 관한 경과조치) 이 법 시행 전에 발생한 사유로 인하여 제9조의2제2항제3호 및 제4호의 개정규정에 따른 신분 박탈 요건에 해당하게 된 경우에는 같은 개정규정에도 불구하고 종전의 규정에 따른다.

부칙 〈제20326호, 2024. 2. 20.〉

이 법은 공포 후 6개월이 경과한 날부터 시행한다.

부칙 〈제20449호, 2024. 9. 20.〉 (자치입법권 강화 및 지방자율성 제고를 위한 결핵예방법 등 7개 법률의 일부개정에 관한 법률)

이 법은 공포한 날부터 시행한다. 다만, ···〈생략〉··· 제3조 중 「농어촌 등 보건의료를 위한 특별조치법」 제5조제2항·제6조제2항의 개정규정 ···〈생략〉··· 공포 후 6개월이 경과한 날부터 시행한다.

농어촌 등 보건의료를 위한 특별조치법 시행령 (약칭 : 농어촌의료법)

[시행 2022. 12. 20.] [대통령령 제33112호, 2022. 12. 20., 타법개정]

**개정 예정 법률 밑줄 별도 표시.

농어촌 등 보건의료를 위한 특별조치법 시행령
(약칭 : 농어촌의료법 시행령)

[시행 2022. 12. 20.] [대통령령 제33112호, 2022. 12. 20., 타법개정]

제1조(목적) 이 영은 「농어촌 등 보건의료를 위한 특별조치법」에서 위임된 사항과 그 시행에 필요한 사항을 규정함을 목적으로 한다.

[전문개정 2013. 1. 22.]

제2조 삭제 〈2003. 3. 12.〉

제3조 삭제 〈2003. 3. 12.〉

제4조(직무교육 소집) 보건복지부장관 또는 광역시장·특별자치시장·도지사·특별자치도지사(이하 "시·도지사"라 한다)는 「농어촌 등 보건의료를 위한 특별조치법」(이하 "법"이라 한다) 제5조제2항 또는 제3항에 따라 공중보건의사에 대한 직무교육을 실시하기 위하여 해당 공중보건의사를 소집할 때에는 소집일 3일 전까지 소집대상자의 인적사항·소집일시 및 장소 등 필요한 사항을 구체적으로 밝혀 소집통지를 하여야 한다.

[전문개정 2013. 1. 22.]

제5조(직무교육 소집연기) ① 제4조에 따른 소집통지를 받은 사람이

다음 각 호의 어느 하나에 해당하는 사유로 지정된 일시에 그 소집에 응할 수 없는 경우에는 그 소집일 전까지 주소·성명 및 연기 사유 등을 구체적으로 적은 소집연기신청서에 그 사유를 증명할 수 있는 서류를 첨부하여 보건복지부장관 또는 시·도지사에게 제출하여야 한다. 이 경우 연기기간은 1회에 3개월을 초과할 수 없다. 〈개정 2019. 7. 2.〉

1. 질병 또는 심신의 장애가 있을 경우
2. 본인의 직계존속·직계비속 또는 배우자가 사망한 경우
3. 그 밖의 부득이한 사유가 발생한 경우

② 보건복지부장관 또는 시·도지사는 제1항에 따른 소집연기신청서를 제출한 사람에 대해서는 연기기간이 지나거나 연기 사유가 소멸된 후 다시 직무교육의 소집을 하여야 한다. 〈개정 2019. 7. 2.〉

[전문개정 2013. 1. 22.]

제6조(공중보건의사의 배치기준) 보건복지부장관 또는 시·도지사는 공중보건의사가 근무할 지역·기관 또는 시설을 지정할 때에는 법 제5조제5항에 따라 군 보건소와 읍·면의 보건지소에 우선 배치하고, 남는 인력은 법 제5조의2에 따른 기관 또는 시설에 보건복지부장관이 정하는 배치기준에 따라 적정하게 배치하여야 한다.

[전문개정 2013. 1. 22.]

제6조의2(공중보건의사의 배치기관 또는 시설) 법 제5조의2제1항제5호에서 "대통령령으로 정하는 기관 또는 시설"이란 다음 각 호의 기관 또는 시설을 말한다.

1. 병원선 및 이동진료반

2. 군지역 및 의사확보가 어려운 중소도시의 민간병원 중 정부의 지원을 받는 병원으로서 보건복지부장관이 정하는 병원

3. 그 밖에 「사회복지사업법」에 따른 사회복지시설, 「형의 집행 및 수용자의 처우에 관한 법률」에 따른 교정시설 내의 의료시설, 「응급의료에 관한 법률」에 따른 응급의료에 관련된 기관 또는 단체 등 보건복지부장관이 국민보건의료를 위하여 공중보건의사의 배치가 특히 필요하다고 인정하는 기관 또는 시설

[전문개정 2013. 1. 22.]

제7조(공중보건의사의 인사관리부 비치) ① 보건복지부장관, 시ㆍ도지사와 시장ㆍ군수ㆍ구청장(자치구의 구청장을 말한다. 이하 같다) 및 법 제5조에 따라 보건복지부장관이 직접 공중보건의사를 배치한 기관 또는 시설(이하 "배치기관"이라 한다)의 장은 「공무원 인사기록ㆍ통계 및 인사사무 처리 규정」에도 불구하고 보건복지부장관이 따로 정하는 공중보건의사의 인사관리부를 갖추어 두고, 공중보건의사의 신상변동ㆍ근무상황과 그 밖에 그 관리에 필요한 사항을 기록하여야 한다. 〈개정 2013. 11. 20., 2016. 11. 29.〉

② 보건복지부장관과 시ㆍ도지사는 공중보건의사의 근무 및 관리 상황을 지도ㆍ확인하여야 한다.

[전문개정 2013. 1. 22.]

제8조(공중보건의사의 보수) 법 제11조에 따라 공중보건의사에게 지급하는 보수의 기준은 별표와 같다.

[전문개정 2013. 1. 22.]

제9조(근무지역 이탈보고 등) ① 시장ㆍ군수 또는 구청장은 공중보

건의사가 다음 각 호의 어느 하나에 해당하는 경우에는 그 사실을 지체 없이 시·도지사(특별자치시장·특별자치도지사를 제외한다. 이하 이 조 및 제10조에서 같다)에게 보고하고, 시·도지사는 이를 보건복지부장관에게 보고하여야 한다.

1. 법 제8조제1항을 위반하여 직장을 이탈한 경우

2. 법 제8조제2항에 따른 명령을 위반하여 근무지역을 이탈한 경우

3. 법 제9조제1항을 위반하여 공중보건업무 외의 업무에 종사한 경우

② 시장·군수 또는 구청장은 공중보건의사가 장기입원 또는 요양 등 직무 외의 사유로 1개월 이상 근무하지 못하는 경우에는 그 사유를 구체적으로 밝혀 시·도지사에게 보고하고, 시·도지사는 이를 보건복지부장관에게 보고하여야 한다.

③ 특별자치시장·특별자치도지사 또는 배치기관의 장은 공중보건의사가 제1항 각 호 또는 제2항에 해당하는 경우에는 이를 보건복지부장관에게 보고하여야 한다.

④ 보건복지부장관은 제1항부터 제3항까지의 규정에 따른 보고에 따라 해당 공중보건의사에게 법 제9조제2항부터 제4항까지의 규정에 따른 근무기간의 연장을 명한 때에는 지체 없이 이를 병무청장에게 통보하여야 한다.

[전문개정 2013. 1. 22.]

제9조의2 삭제 〈2013. 1. 22.〉

제10조(근무상황 평가보고) ① 시장·군수 또는 구청장은 공중보건

의사의 근무상황을 평가하여 매 반기 종료 후 15일 이내에 보건복지부령으로 정하는 바에 따라 시·도지사에게 보고하고, 시·도지사는 이를 종합하여 매 반기 종료 후 1개월 이내에 보건복지부장관에게 보고하여야 한다.

② 특별자치시장·특별자치도지사 또는 배치기관의 장은 공중보건의사의 근무상황을 평가하여 매 반기 종료 후 15일 이내에 보건복지부령으로 정하는 바에 따라 보건복지부장관에게 보고하여야 한다.

[전문개정 2013. 1. 22.]

제11조(복무기간의 연장명령) 보건복지부장관은 법 제9조제2항부터 제4항까지의 규정에 따라 복무기간의 연장을 명할 때에는 연장복무기간·연장사유 등을 구체적으로 적은 문서로 하여야 한다.

[전문개정 2013. 1. 22.]

제12조 삭제 〈1997·12·31〉

제13조 삭제 〈1992·6·1〉

제14조(보건진료 전담공무원의 업무) ① 법 제19조에 따른 보건진료 전담공무원의 의료행위의 범위는 다음 각 호와 같다. 〈개정 2019. 7. 2.〉

1. 질병·부상상태를 판별하기 위한 진찰·검사

2. 환자의 이송

3. 외상 등 흔히 볼 수 있는 환자의 치료 및 응급 조치가 필요한 환자에 대한 응급처치

4. 질병·부상의 악화 방지를 위한 처치

5. 만성병 환자의 요양지도 및 관리

6. 정상분만 시의 분만 도움

7. 예방접종

8. 제1호부터 제7호까지의 의료행위에 따르는 의약품의 투여

② 보건진료 전담공무원은 제1항 각 호의 의료행위 외에 다음 각 호의 업무를 수행한다.

1. 환경위생 및 영양개선에 관한 업무

2. 질병예방에 관한 업무

3. 모자보건에 관한 업무

4. 주민의 건강에 관한 업무를 담당하는 사람에 대한 교육 및 지도에 관한 업무

5. 그 밖에 주민의 건강증진에 관한 업무

③ 보건진료 전담공무원은 제1항에 따른 의료행위를 할 때에는 보건복지부장관이 정하는 환자 진료지침에 따라야 한다.

[전문개정 2013. 1. 22.]

제15조(진료기록부 등의 유지ㆍ관리) ① 보건진료 전담공무원은 보건복지부령으로 정하는 바에 따라 진료기록부 및 조산기록부를 갖추어 두고 의료행위에 관한 사항과 소견을 기록하여야 한다.

② 제1항에 따른 진료기록부 및 조산기록부는 5년간 보존하여야 한다.

[전문개정 2013. 1. 22.]

제16조(직무교육기간 중의 보수지급) 보건진료 전담공무원이 되기 위하여 법 제16조에 따른 직무교육을 받는 사람에게는 예산의 범위에서 보건복지부장관이 정하는 보수를 지급한다.

[전문개정 2013. 1. 22.]

제17조(민감정보 및 고유식별정보의 처리) ① 보건복지부장관, 시·도지사 또는 시장·군수·구청장은 다음 각 호의 사무를 수행하기 위하여 불가피한 경우 「개인정보 보호법」 제23조에 따른 건강에 관한 정보(제5호의 사무로 한정한다), 같은 법 시행령 제18조제2호에 따른 범죄경력자료에 해당하는 정보(제1호, 제4호부터 제6호까지 및 제8호의 사무로 한정한다), 같은 영 제19조제1호에 따른 주민등록번호가 포함된 자료를 처리할 수 있다. 〈개정 2022. 12. 20.〉

1. 법 제5조에 따른 종사명령 등에 관한 사무
2. 법 제6조 및 제6조의2에 따른 근무지역 등의 변경 및 파견근무에 관한 사무
3. 법 제7조제3항에 따른 명단 통보에 관한 사무
4. 법 제8조 및 제9조에 따른 직장 이탈 금지 등 복무에 관한 사무
5. 법 제9조의2에 따른 신분 상실 및 박탈에 관한 사무
6. 법 제10조에 따른 신분조치 통보에 관한 사무
7. 법 제11조에 따른 보수 등의 지급에 관한 사무
8. 법 제14조에 따른 복무 감독에 관한 사무
9. 삭제 〈2022. 12. 20.〉

② 보건복지부장관, 시·도지사 또는 시장·군수·구청장은 다음 각 호의 사무를 수행하기 위하여 불가피한 경우 「개인정보 보호법」 제23조에 따른 건강에 관한 정보, 같은 법 시행령 제19조제1호 또는 제4호에 따른 주민등록번호 또는 외국인등록번호가 포함된 자료를 처리할 수 있다. 다만, 제3호의 사무의 경우에는 「개인정보 보호

법」 제23조에 따른 건강에 관한 정보는 제외한다. 〈개정 2022. 12. 20.〉

1. 법 제16조제2항에 따른 직무교육에 관한 사무

2. 법 제17조제1항에 따른 보건진료 전담공무원의 임용에 관한 사무

3. 법 제18조제2항에 따른 보건진료 전담공무원의 보수교육에 관한 사무

4. 법 제19조에 따른 보건진료 전담공무원의 의료행위에 관한 사무

[전문개정 2013. 1. 22.]

부칙 〈제10347호, 1981. 6. 11.〉

①(시행령) 이 영은 공포한 날로부터 시행한다.

②(폐지법령) 국민보건의료를위한특별조치법시행령을 폐지한다.

부칙 〈제13657호, 1992. 6. 1.〉

제1조 (시행일) 이 영은 공포한 날부터 시행한다.

제2조 (종사중인 공중보건의사에 관한 경과조치) 이 영 시행당시 법 제5조제1항의 규정에 의하여 공중보건업무 종사명령을 받고 종사중인 공중보건의사의 전문직공무원으로의 채용계약은 제3조제1항의 개정규정에 불구하고, 1992년 6월 1일까지 관할도지사가 이를 체결한다.

제3조 (다른 법령의 개정) ①병력의무의특례규제에관한법률시행령중

다음과 같이 개정한다.

제20조제3항·제23조제6호·제34조제3항중 "농어촌보건의료를위한특별조치법"을 각각 "농어촌등보건의료를위한특별조치법"으로 한다.

②의료법시행령중 다음과 같이 개정한다.

제2조제1호중 "농어촌보건의료를위한특별조치법 제15조 내지 제17조"를 "농어촌등보건의료를위한특별조치법 제16조 내지 제19조"로 한다.

③전문의의수련및자격인정등에관한규정중 다음과 같이 개정한다.

제4조제1항중 "농어촌보건의료를위한특별조치법"을 "농어촌등보건의료를위한특별조치법"으로 한다.

부칙 〈제14446호, 1994. 12. 23.〉 (보건복지부와그소속기관직제)

제1조 (시행일) 이 영은 공포한 날부터 시행한다. 〈단서생략〉

제2조 생략

제3조 (다른 법령의 개정) ①내지 〈101〉생략

〈102〉농어촌등보건의료를위한특별조치법시행령중 다음과 같이 개정한다.

제2조제2항제4호·제3항, 제3조제1항 내지 제3항, 제4조, 제5조제1항·제2항, 제6조, 제7조제1항·제2항, 제9조제1항 내지 제3항, 제10조, 제12조제1항, 제14조제3항, 제16조 및 제17조중 "보건사회부장관"을 각각 "보건복지부장관"으로 하고, 제10조 및 제15조제

1항중 “보건사회부령”을 각각 “보건복지부령”으로 한다.
〈103〉내지 〈140〉생략

부칙 〈제15598호, 1997. 12. 31.〉 (행정절차법의시행에따른 관세법시행령등의개정령)

이 영은 1998년 1월 1일부터 시행한다.

부칙 〈제15690호, 1998. 2. 28.〉 (국가공무원명예퇴직수당 등지급규정)

제1조 (시행일) 이 영은 공포한 날부터 시행한다.

제2조 (다른 법령의 개정) ①내지 ⑤생략

⑥농어촌등보건의료를위한특별조치법시행령중 다음과 같이 개정한다.

제3조제1항ㆍ제3항 및 제17조중 “전문직공무원”을 각각 “계약직 공무원”으로 한다.

제7조제1항중 “전문직공무원규정”을 “계약직공무원규정”으로 한다.

⑦ 생략

부칙 〈제17939호, 2003. 3. 12.〉

이 영은 공포한 날부터 시행한다.

부칙 〈제19522호, 2006. 6. 12.〉 (공무원수당 등에 관한 규정)

제1조 (시행일) 이 영은 2006년 7월 1일부터 시행한다.

제2조 내지 제4조 생략

제5조 (다른 법령의 개정) ①농어촌등보건의료를위한특별조치법시행령 일부를 다음과 같이 개정한다.

별표중 직무수당란 · 기말수당란 및 정근수당란을 각각 삭제한다.

②생략

부칙 〈제20679호, 2008. 2. 29.〉 (보건복지가족부와 그 소속기관 직제)

제1조(시행일) 이 영은 공포한 날부터 시행한다.

제2조 부터 제8조까지 생략

제9조(다른 법령의 개정) ① 부터 ⑳ 까지 생략

㉑ 농어촌등보건의료를위한특별조치법시행령 일부를 다음과 같이 개정한다.

제4조, 제5조제1항 각 호 외의 부분 및 제2항, 제6조, 제6조의2 제2호 및 제3호, 제7조제1항 및 제2항, 제9조제1항 각 호 외의 부분 · 제2항부터 제4항까지, 제9조의2제1항, 제10조제1항 및 제2항, 제11조제1항 및 제2항, 제14조제3항 및 제16조 중 "보건복지부장관"을 각각 "보건복지가족부장관"으로 한다.

제10조제1항 · 제2항 및 제15조제1항 중 "보건복지부령"을 각각 "보건복지가족부령"으로 한다.

㉒ 부터 〈80〉 까지 생략

부칙 〈제21095호, 2008. 10. 29.〉 (형의 집행 및 수용자의 처우에 관한 법률 시행령)

제1조(시행일) 이 영은 2008년 12월 22일부터 시행한다.

제2조(다른 법령의 개정) ① 생략

② 농어촌등보건의료를위한특별조치법시행령 일부를 다음과 같이 개정한다.

제6조의2제3호 중 "행형법에 의한"을 "「형의 집행 및 수용자의 처우에 관한 법률」에 따른"으로 한다.

③ 부터 ⑤ 까지 생략

부칙 〈제22075호, 2010. 3. 15.〉 (보건복지가족부와 그 소속기관 직제)

제1조(시행일) 이 영은 2010년 3월 19일부터 시행한다. 〈단서 생략〉

제2조(다른 법령의 개정) ① 부터 〈51〉 까지 생략

〈52〉 농어촌등보건의료를위한특별조치법시행령 일부를 다음과 같이 개정한다.

제4조, 제5조제1항 각 호 외의 부분 전단 및 제2항, 제6조, 제6조의2제2호 및 제3호, 제7조제1항 및 제2항, 제9조제1항 각 호 외의 부분 및 제2항부터 제4항까지, 제9조의2제1항, 제10조제1항 및 제2항, 제11조제1항 및 제2항, 제14조제3항 및 제16조 중 "보건복지가족부장관"을 각각 "보건복지부장관"으로 한다.

제10조제1항·제2항 및 제15조제1항 중 "보건복지가족부령"을 각각 "보건복지부령"으로 한다.

〈53〉 부터 〈187〉 까지 생략

부칙 〈제23488호, 2012. 1. 6.〉 (민감정보 및 고유식별정보 처리 근거 마련을 위한 과세자료의 제출 및 관리에 관한 법률 시행령 등 일부개정령)

제1조(시행일) 이 영은 공포한 날부터 시행한다. 〈단서 생략〉

제2조 생략

부칙 〈제24327호, 2013. 1. 22.〉

이 영은 2013년 1월 23일부터 시행한다.

부칙 〈제24852호, 2013. 11. 20.〉 (공무원임용령)

제1조(시행일) 이 영은 2013년 12월 12일부터 시행한다.

제2조 부터 제7조까지 생략

제8조(다른 법령의 개정) ①부터 ㉑까지 생략

㉒ 농어촌 등 보건의료를 위한 특별조치법 시행령 일부를 다음과 같이 개정한다.

제7조제1항 중 "「계약직공무원규정」 제9조의3"을 "「공무원 인사기록 · 통계 및 인사사무 처리 규정」"으로 한다.

㉓부터 ㊿까지 생략

제9조 생략

부칙 〈제27620호, 2016. 11. 29.〉 (병역법 시행령)

제1조(시행일) 이 영은 2016년 11월 30일부터 시행한다.

제2조 및 제3조 생략

제4조(다른 법령의 개정) ①부터 ⑩까지 생략

⑪ 농어촌 등 보건의료를 위한 특별조치법 시행령 일부를 다음과 같이 개정한다.

제7조제1항 중 "신상이동"을 "신상변동"으로 한다.

⑫부터 ㉖까지 생략

부칙 〈제29950호, 2019. 7. 2.〉 (어려운 법령용어 정비를 위한 210개 법령의 일부개정에 관한 대통령령)

이 영은 공포한 날부터 시행한다. 〈단서 생략〉

부칙 〈제33112호, 2022. 12. 20.〉 (개인정보 침해요인 개선을 위한 49개 법령의 일부개정에 관한 대통령령)

이 영은 공포한 날부터 시행한다.

별표 / 서식

[별표] 공중보건의사의 보수기준(제8조 관련)

농어촌 등 보건의료를 위한 특별조치법 시행규칙
(약칭 : 농어촌의료법 시행규칙)

[시행 2025. 3. 21.] [보건복지부령 제1099호, 2025. 3. 13., 일부개정]

**개정 예정 법률 밑줄 별도 표시.

농어촌 등 보건의료를 위한 특별조치법 시행규칙

(약칭 : 농어촌의료법 시행규칙)

[시행 2025. 3. 21.] [보건복지부령 제1099호, 2025. 3. 13., 일부개정]

제1조(목적) 이 규칙은 「농어촌 등 보건의료를 위한 특별조치법」 및 같은 법 시행령에서 위임된 사항과 그 시행에 필요한 사항을 규정함을 목적으로 한다.

[전문개정 2013. 1. 23.]

제2조(실태조사) ① 「농어촌 등 보건의료를 위한 특별조치법」(이하 "법"이라 한다) 제3조의3제3항에 따른 실태조사(이하 "실태조사"라 한다)는 현지조사, 서면조사 또는 전화·전자우편 등을 이용하는 방법으로 할 수 있다.

② 보건복지부장관은 실태조사를 하려는 경우 조사일시, 목적 및 내용 등을 포함한 조사계획을 실태조사 대상자에게 미리 알려야 한다.

③ 실태조사 결과의 공표는 보건복지부의 인터넷 홈페이지 등에 게재하는 방법으로 한다.

④ 제1항부터 제3항까지에서 규정한 사항 외에 실태조사의 절차 및 방법 등에 관한 세부 사항은 보건복지부장관이 정한다.

[본조신설 2024. 8. 21.]

제3조(공중보건의사의 명단통보) 법 제4조에 따른 공중보건의사의 명단 통보는 별지 제2호서식에 따른다. 〈개정 2024. 8. 21.〉

[전문개정 2013. 1. 23.]

제4조(종사명령서) 법 제5조제1항에 따른 공중보건업무 종사명령 및 공중보건업무 종사명령 통보는 각각 별지 제3호서식 및 별지 제4호서식에 따른다.

[전문개정 2013. 1. 23.]

제5조(소집통지서) 「농어촌 등 보건의료를 위한 특별조치법 시행령」(이하 "영"이라 한다) 제4조에 따른 직무교육 소집통지는 별지 제5호서식에 따른다.

[전문개정 2013. 1. 23.]

제6조(소집연기신청서) 영 제5조제1항에 따른 직무교육 소집연기신청서는 별지 제6호서식에 따르되, 다음 각 호의 서류를 첨부하여야 한다. 〈개정 2019. 9. 27.〉

1. 영 제5조제1항제1호에 해당하는 경우에는 국공립병원에서 발행한 진단서
2. 영 제5조제1항제2호에 해당하는 경우에는 사망진단서 또는 검안서, 그 밖에 사망 사실을 증명하는 서류
3. 영 제5조제1항제3호에 해당하는 경우에는 그 사유를 증명할 수 있는 서류

[전문개정 2013. 1. 23.]

[제목개정 2019. 9. 27.]

제7조(공중보건의사의 직무교육과정 등) ① 법 제5조제2항 및 제3항에 따른 직무교육(이하 "공중보건의사 직무교육"이라 한다)의 교육과정은 보건행정과정과 임상실습과정으로 구분한다.

② 공중보건의사 직무교육은 다음 각 호의 구분에 따른 내용으로 한다.

1. 보건행정과정: 보건사회정책, 보건의료 관계법령, 지역사회보건관리, 예방의학, 직무 관련 전문의학, 그 밖에 보건행정 및 소양에 관한 과목

2. 임상실습과정: 환자치료에 필요한 기본적인 임상실습

③ 공중보건의사 직무교육의 기간은 보건행정과정 2주 이내, 임상실습과정 10주 이내로 한다. 다만, 다음 각 호의 경우에는 임상실습과정을 생략할 수 있다.

1. 공중보건의사가 전문의나 인턴과정 수료자인 경우

2. 의료인력 수급상 부득이한 경우

[전문개정 2013. 1. 23.]

제8조(공중보건의사의 직무교육기관) ① 광역시장 · 특별자치시장 · 도지사 · 특별자치도지사(이하 "시 · 도지사"라 한다)는 법 제5조제2항에 따른 직무교육을 다음 각 호의 구분에 따른 기관에서 한다.

1. 보건행정과정: 해당 광역시 · 특별자치시 · 도 · 특별자치도(이하 "시 · 도"라 한다)의 공무원교육원

2. 임상실습과정: 시 · 도지사가 지정하는 종합병원 또는 병원. 다만, 치과의사의 경우에는 치과진료시설이 있는 보건소에서 교육할 수 있다.

② 삭제 〈2020. 9. 11.〉

[전문개정 2013. 1. 23.]

제9조(공중보건의사 직무교육의 결과통보) ① 시ㆍ도지사는 제8조에 따라 공중보건의사 직무교육을 하였을 때에는 그 결과를 지체 없이 별지 제7호서식에 따라 보건복지부장관에게 통보해야 한다. 〈개정 2020. 9. 11., 2025. 3. 13.〉

② 제1항에 따라 통보를 받은 보건복지부장관은 교육성적이 매우 불량한 사람에게는 재교육을 명할 수 있다. 〈개정 2025. 3. 13.〉

[전문개정 2013. 1. 23.]

[제목개정 2025. 3. 13.]

제10조(공중보건의사의 배치결과 통보서) 법 제5조제2항에 따른 공중보건의사의 근무지역ㆍ근무기관 또는 시설 지정 등 배치결과 통보는 별지 제8호서식에 따른다.

[전문개정 2013. 1. 23.]

제11조(근무지역 등의 변경요청 등) ① 시ㆍ도지사는 공중보건의사의 시ㆍ도 간 근무지역 변경이 필요하다고 인정하는 경우에는 별지 제9호서식에 따라 보건복지부장관에게 근무지역 변경을 요청하여야 한다.

② 법 제6조제2항에 따른 공중보건의사의 근무지역 또는 근무기관ㆍ시설 변경 결과 통보는 별지 제10호서식에 따른다. 〈개정 2025. 3. 13.〉

[전문개정 2013. 1. 23.]

제12조(근무지역의 범위) 법 제8조제3항에 따른 공중보건의사의 근

무지역 범위는 해당 공중보건의사가 근무하는 기관 또는 시설이 있는 특별자치시·특별자치도·시·군·구(자치구를 말한다. 이하 같다)의 행정구역으로 한다. 다만, 주거시설의 형편상 부득이한 경우에는 관할 보건소장의 승인을 받아 통상적인 교통수단으로 30분 이내에 출퇴근이 가능한 인근 특별자치시·특별자치도·시·군·구의 행정구역으로 할 수 있다.

[전문개정 2013. 1. 23.]

제13조(인사관리부) 영 제7조제1항에 따른 공중보건의사의 인사관리부는 별지 제11호서식과 같다.

[전문개정 2013. 1. 23.]

제14조(근무지역 이탈 등 불성실 근무자 보고) 영 제9조에 따른 근무지역 이탈 등 불성실 근무자에 대한 보고는 별지 제12호서식에 따른다.

[전문개정 2013. 1. 23.]

제15조(근무상황 평가보고서) 영 제10조에 따른 공중보건의사 근무상황 평가 보고는 별지 제13호서식에 따른다.

[전문개정 2013. 1. 23.]

제16조(공중보건의사의 수련허가 신청 등) ① 법 제12조에 따라 전공의 수련허가를 신청할 수 있는 사람은 「전문의의 수련 및 자격 인정 등에 관한 규정」에 따른 수련병원 또는 수련기관 중 보건복지부장관이 정하는 수련병원 또는 수련기관의 전공의 시험에 합격한 사람으로 한다.

② 법 제12조에 따른 전공의 수련허가를 신청하려는 사람은 별지

제14호서식의 전공의 수련허가 신청서에 수련병원 또는 수련기관에서 발행한 전공의 시험 합격증명서를 첨부하여 근무지 관할 시·도지사를 거쳐 보건복지부장관에게 제출하여야 한다.

[전문개정 2013. 1. 23.]

제17조(보건진료소의 설치) ① 법 제15조에 따른 보건진료소는 의료 취약지역을 인구 5천명 미만을 기준으로 구분한 하나 또는 여러 개의 리·동을 관할구역으로 하여 주민이 편리하게 이용할 수 있는 장소에 설치한다. 〈개정 2023. 6. 26.〉

② 보건진료소의 시설 및 의료장비기준은 별표와 같다.

③ 군수(법 제15조제1항 본문에 따라 읍·면 지역에 보건진료소를 설치·운영하는 도농복합형태의 시의 시장 및 법 제15조제1항 단서에 따라 관할구역의 도서지역에 보건진료소를 설치·운영하는 시장·구청장을 포함한다. 이하 같다)는 보건진료소를 설치한 때에는 지체 없이 별지 제15호서식에 따라 관할 시·도지사를 거쳐 보건복지부장관에게 보고하여야 한다. 〈개정 2023. 6. 26.〉

[전문개정 2013. 1. 23.]

제17조의2(업무보조원 등) 법 제15조제2항에 따라 보건진료소에 필요한 직원을 두는 경우 예산의 범위에서 보수 및 실비를 지급할 수 있다.

[본조신설 2012. 2. 23.]

제18조 삭제 〈2012. 2. 23.〉

제19조(보건진료 전담공무원의 직무교육) ① 보건복지부장관은 법 제16조에 따른 직무교육(이하 "보건진료 전담공무원 직무교육"이라

한다)을 하기 위하여 시ㆍ도지사를 대상으로 매년 1회 이상 다음 연도의 보건진료 전담공무원 직무교육 수요를 조사하여야 한다.

② 시ㆍ도지사는 제1항에 따른 수요조사에 대하여 다음 연도의 보건진료 전담공무원 신규임용 예정인원 등을 고려하여 보건진료 전담공무원 직무교육의 수요를 제출하여야 한다.

③ 보건복지부장관은 제2항에 따른 수요조사 결과 보건진료 전담공무원 직무교육을 할 필요가 있다고 인정되는 경우에는 보건진료 전담공무원 직무교육계획을 수립하여 시ㆍ도지사에게 통보하여야 한다.

④ 시ㆍ도지사는 제3항에 따른 보건진료 전담공무원 직무교육계획을 통보받은 경우에는 다음 각 호의 어느 하나에 해당하는 사람을 보건진료 전담공무원 직무교육 대상자로 선발하여 별지 제17호서식에 따라 보건복지부장관에게 보고해야 한다. 다만, 다음 각 호의 사람들만으로 보건진료 전담공무원의 충원이 어려운 경우에는 보건진료직렬이 아닌 공무원 중에서 간호사 또는 조산사 면허를 가진 사람의 신청을 받아 해당 공무원을 보건진료 전담공무원 직무교육 대상자로 선발할 수 있다. 〈개정 2019. 11. 22., 2023. 2. 24.〉

1. 보건진료직렬의 공무원

2. 보건진료직렬의 공무원 임용시험 합격자로서 「지방공무원 임용령」 제25조에 따른 실무수습 중인 사람

⑤ 특별자치시장ㆍ특별자치도지사ㆍ시장ㆍ군수ㆍ구청장은 법 제16조에 따라 직무교육을 받는 사람에 대한 교육비를 예산의 범위에서 보건복지부장관이 정하는 바에 따라 지급할 수 있다.

[전문개정 2013. 1. 23.]

제20조(보건진료 전담공무원 직무교육소집) 보건복지부장관은 제19조에 따라 보고받은 보건진료 전담공무원 직무교육 대상자에게 교육시작 30일 전까지 별지 제18호서식에 따라 교육소집을 통지하여야 한다.

[전문개정 2013. 1. 23.]

제21조(보건진료 전담공무원 직무교육의 등록) 제20조에 따라 보건진료 전담공무원 직무교육의 소집통지를 받은 사람은 별지 제19호서식에 따라 등록하여야 한다.

[전문개정 2013. 1. 23.]

제22조(보건진료 전담공무원의 직무교육과정 등) ① 보건진료 전담공무원 직무교육의 과정은 이론교육과정, 임상실습과정 및 현지실습과정으로 구분한다.

② 보건진료 전담공무원 직무교육은 다음 각 호의 구분에 따른 내용으로 한다. 〈개정 2017. 11. 2.〉

1. 이론교육과정: 지역사회보건관리, 모자건강, 가정간호관리, 보건사업 운영관리 및 기술지도, 그 밖에 통상질환관리 및 소양에 관한 사항 등 보건복지부장관이 이론교육에 필요하다고 인정하여 고시하는 사항

2. 임상실습과정: 환자의 치료에 필요한 기본적인 임상실습

3. 현지실습과정: 지역사회 적응방법, 기존보건기관과의 연계방법, 그 밖에 지역주민에 대한 보건의료 서비스 제공 방법 등 보건복지부장관이 현지실습에 필요하다고 인정하여 고시하는 사항

③ 보건진료 전담공무원 직무교육의 기간은 이론교육과정, 임상실습과정 및 현지실습과정별로 구분하여 보건복지부장관이 정하여 고시한다. 이 경우 각 교육과정의 기간은 최소 4주 이상이어야 한다. 〈개정 2017. 11. 2.〉

[전문개정 2013. 1. 23.]

제23조(보건진료 전담공무원의 직무교육기관) 보건진료 전담공무원 직무교육은 다음 각 호의 기관 중에서 보건복지부장관이 지정하는 기관이 한다.

1. 의과대학 · 의학전문대학원 · 간호대학 및 그 부속병원

2. 병상이 150개 이상인 수련병원(「의료법」 제77조제1항에 따라 전문의가 되려는 사람을 수련시키는 기관을 말한다)

3. 보건의료 교육과정을 운영하는 공공기관

4. 지역보건의료 및 건강증진을 위한 지원사업을 전문적으로 수행하는 법인 또는 단체 등

[전문개정 2013. 1. 23.]

제24조(보건진료 전담공무원 직무교육 수료증의 발급) ① 보건복지부장관은 보건진료 전담공무원 직무교육을 수료한 사람에게는 별지 제20호서식의 수료증을 발급한다.

② 제1항의 수료증 발급대장은 별지 제21호서식과 같다.

[전문개정 2013. 1. 23.]

제25조(보건진료 전담공무원 직무교육 결과의 보고 등) ① 제23조에 따른 보건진료 전담공무원 직무교육기관의 장은 보건진료 전담공무원 직무교육을 하였을 때에는 지체 없이 그 수료자의 명단과 성

적을 별지 제22호서식에 따라 보건복지부장관에게 보고하여야 한다.

② 보건복지부장관은 제1항의 보고를 받았을 때에는 보건진료 전담공무원 직무교육 수료자의 명단을 시·도지사에게 통보하여야 한다.

[전문개정 2013. 1. 23.]

제26조(보건진료 전담공무원의 배치) ① 특별자치시장·특별자치도지사·시장·군수·구청장은 법 제17조에 따라 임용된 보건진료 전담공무원을 다음 각 호의 지역에 우선 배치해야 한다. 〈개정 2019. 11. 22.〉

1. 「도서개발 촉진법」 제2조에 따른 도서
2. 「접경지역 지원 특별법」 제2조제1호에 따른 접경지역

② 특별자치시장·특별자치도지사·시장·군수·구청장은 휴직한 후 복직하는 보건진료 전담공무원을 보건진료소에 결원이 없어 배치할 수 없는 경우에는 「지역보건법」 제2조제1호에 따른 지역보건의료기관에 배치할 수 있다. 〈신설 2019. 11. 22.〉

[전문개정 2013. 1. 23.]

[제목개정 2019. 11. 22.]

제27조(보건진료 전담공무원의 보수교육) ① 법 제18조에 따른 보건진료 전담공무원의 보수교육기간은 매년 21시간 이상으로 하고, 보수교육의 내용은 영 제14조에 따른 보건진료 전담공무원의 업무에 관한 사항으로 한다.

② 제1항의 보수교육은 시·도지사가 실시하되, 관련 기관 또는 단체에 위탁할 수 있다.

③ 시·도지사는 제1항과 제2항에 따라 보건진료 전담공무원의

보수교육을 하였을 때에는 지체 없이 그 결과를 별지 제23호서식에 따라 보건복지부장관에게 보고하여야 한다.

[전문개정 2013. 1. 23.]

제27조의2(관할구역 이탈금지) 특별자치시장·특별자치도지사·시장·군수·구청장은 법 제20조에 따라 보건진료 전담공무원에게 관할구역 이탈금지를 명하는 경우에는 기간을 정하여 명하고 그 사실을 보건복지부장관에게 통보해야 한다. 〈개정 2019. 11. 22.〉

[본조신설 2013. 1. 23.]

제28조(보건진료소 운영상황 보고서) ① 보건진료 전담공무원은 매 분기의 보건진료소 운영상황을 매 분기 말의 다음 달 15일까지 별지 제24호서식에 따라 관할 특별자치시장·특별자치도지사·시장·군수·구청장에게 보고하여야 한다.

② 시·도지사는 매 반기의 관할지역 내 보건진료소의 운영상황을 매 반기 종료 후 1개월 이내에 별지 제24호서식에 따라 보건복지부장관에게 보고하여야 한다.

[전문개정 2013. 1. 23.]

제29조(진료기록부 등) ① 영 제15조제1항에 따른 진료기록부 및 조산기록부는 각각 별지 제25호서식 및 별지 제26호서식과 같다.

② 제1항의 진료기록부 및 조산기록부는 「전자서명법」에 따른 공인전자서명이 기재된 전자문서로 작성·보존할 수 있다.

[전문개정 2013. 1. 23.]

제30조(보건진료소 근무일지) 보건진료 전담공무원은 근무상황을 별지 제27호서식의 보건진료소 근무일지에 매일 기록하여야 한다.

[전문개정 2013. 1. 23.]

제31조(의료장비 등의 대장) 보건진료소가 관리·보관하는 의료장비는 별지 제28호서식의 의료장비 및 비품대장에, 의약품은 별지 제29호서식의 월별 의약품 출납대장에 각각 기록하고 보관하여야 한다.

[전문개정 2013. 1. 23.]

제32조(운영상황 보고서 등의 전자적 처리) 제28조의 보건진료소 운영상황 보고서, 제30조의 보건진료소 근무일지 및 제31조의 의료장비 등의 대장은 전자적 처리가 불가능한 특별한 사유가 없으면 전자적 처리가 가능한 방법으로 작성·관리하여야 한다.

[전문개정 2013. 1. 23.]

부칙 〈제890호, 1992. 6. 26.〉

제1조(시행일) 이 규칙은 공포한 날부터 시행한다.

제2조(다른 법령의 개정) ①보건사회부소속국립병원및국립재활원임상연구비지급규칙중 다음과 같이 개정한다.

제2조중 "농어촌보건의료를위한특별조치법"을 "농어촌등보건의료를위한특별조치법"으로 한다.

②공중보건장학을위한특례법시행규칙중 다음과 같이 개정한다.

제7조중 "농어촌보건의료를위한특별조치법시행규칙 제8조의 규정을, 간호원의 경우에는 같은 법시행규칙 제20조의"를 "농어촌등보건의료를위한특별조치법시행규칙 제7조의 규정을, 간호사의 경우에는 동시행규칙 제22조의"로 한다.

부칙 〈제241호, 2003. 3. 12.〉

이 규칙은 공포한 날부터 시행한다.

부칙 〈제264호, 2003. 12. 27.〉 (보건복지부와그소속기관직제시행규칙)

제1조 (시행일) 이 규칙은 공포한 날부터 시행한다. 다만,···〈생략〉···부칙 제4조의 규정의 시행일은 질병관리본부의 설치근거를 규정한 검역법중개정법률이 시행되는 날로 한다. [2004. 1. 17. 법률 제 7063호 검역법중개정법률의 시행일 2004. 1. 17.]

제2조 및 제3조 생략

제4조 (다른 법령의 개정) ①내지 ③생략

④농어촌등보건의료를위한특별조치법시행규칙중 다음과 같이 개정한다.

제8조제2항중 "국립보건원"을 "질병관리본부"로 하고, 제9조제1항중 "국립보건원장"을 "질병관리본부장"으로 한다.

⑤내지 ⑨생략

부칙 〈제1호, 2008. 3. 3.〉 (보건복지가족부와 그 소속기관 직제 시행규칙)

제1조(시행일) 이 규칙은 공포한 날부터 시행한다.

제2조 생략

제3조(다른 법령의 개정) ① 부터 ㉗ 까지 생략

㉘ 농어촌등보건의료를위한특별조치법시행규칙 일부를 다음과 같

이 개정한다.

제9조제1항 및 제2항, 제11조제1항, 제16조제1항 및 제2항, 제17조제3항, 제19조제2항, 제23조, 제25조제1항 및 제2항, 제27조제3항, 제28조제2항, 별지 제3호서식, 별지 제5호서식, 별지 제14호서식, 별지 제18호서식, 별지 제20호서식 중 "보건복지부장관"을 각각 "보건복지가족부장관"으로 한다.

별지 제14호서식의 처리기간란 중 "보건복지부"를 "보건복지가족부"로 한다.

㉙ 부터 〈94〉 까지 생략

부칙 〈제79호, 2008. 12. 4.〉 (전문의의 수련 및 자격 인정 등에 관한 규정 시행규칙)

제1조(시행일) 이 규칙은 공포한 날부터 시행한다.

제2조 및 제3조 생략

제4조(다른 법령의 개정) 농어촌등보건의료를위한특별조치법시행규칙 일부를 다음과 같이 개정한다.

제16조제1항 중 "전문의의수련및자격인정등에관한규정에 의한"을 "「전문의의 수련 및 자격 인정 등에 관한 규정」에 따른"으로 한다.

부칙 〈제1호, 2010. 3. 19.〉 (보건복지부와 그 소속기관 직제 시행규칙)

제1조(시행일) 이 규칙은 공포한 날부터 시행한다. 〈단서 생략〉

제2조 생략

제3조(다른 법령의 개정) ① 부터 ㉑ 까지 생략

㉒ 농어촌등보건의료를위한특별조치법시행규칙 일부를 다음과 같이 개정한다.

제9조제1항 · 제2항, 제11조제1항, 제16조제1항 · 제2항, 제17조제3항, 제19조제2항, 제23조, 제25조제1항 · 제2항, 제27조제3항, 제28조제2항, 별지 제3호서식, 별지 제5호서식, 별지 제14호서식, 별지 제18호서식 및 별지 제20호서식 중 "보건복지가족부장관"을 각각 "보건복지부장관"으로 한다.

별지 제14호서식의 처리기간란 중 "보건복지가족부"를 "보건복지부"로 한다.

㉓ 부터 〈84〉 까지 생략

부칙 〈제109호, 2012. 2. 23.〉

제1조(시행일) 이 규칙은 공포한 날부터 시행한다.

제2조(보건진료소 운영상황보고에 관한 적용례) 제28조제1항의 개정규정은 이 규칙 시행 후 최초로 보고하는 보건진료소 운영상황보고부터 적용한다.

제3조(보건진료원의 직무교육기관에 관한 경과조치) 이 규칙 시행 전 종전의 제23조에 따라 보건복지부장관이 보건진료원의 직무교육기관으로 지정한 대학 · 병원이나 종합병원은 제23조의 개정규정에 따라 보건진료원의 직무교육기관으로 지정된 것으로 본다.

부칙 〈제176호, 2013. 1. 23.〉

이 규칙은 2013년 1월 23일부터 시행한다.

부칙 〈제388호, 2015. 12. 31.〉 (개인정보 보호를 위한 공중보건장학을위한특례법시행규칙 등 일부개정령)

이 규칙은 2016년 1월 1일부터 시행한다.

부칙 〈제531호, 2017. 11. 2.〉

제1조(시행일) 이 규칙은 2018년 1월 1일부터 시행한다.

제2조(보건진료소 운영상황 보고서에 관한 적용례) 별지 제24호서식의 개정규정은 2018년도의 보건진료소 운영상황부터 적용한다.

부칙 〈제672호, 2019. 9. 27.〉 (어려운 법령용어 정비를 위한 48개 법령의 일부개정에 관한 보건복지부령)

이 규칙은 공포한 날부터 시행한다.

부칙 〈제688호, 2019. 11. 22.〉

이 규칙은 공포한 날부터 시행한다.

부칙 〈제749호, 2020. 9. 11.〉 (보건복지부와 그 소속기관 직제 시행규칙)

제1조(시행일) 이 규칙은 2020년 9월 12일부터 시행한다.

제2조 생략

제3조(다른 법령의 개정) ①부터 ⑤까지 생략

⑥ 농어촌 등 보건의료를 위한 특별조치법 시행규칙 일부를 다음과 같이 개정한다.

제8조제2항을 삭제한다.

제9조제1항 중 "시ㆍ도지사 또는 질병관리본부장은"을 "시ㆍ도지사는"으로 한다.

⑦부터 ⑳까지 생략

부칙 〈제749호, 2023. 2. 24.〉

이 규칙은 공포한 날부터 시행한다.

부칙 〈제946호, 2023. 6. 26.〉

이 규칙은 공포한 날부터 시행한다.

부칙 〈제1051호, 2024. 8. 21.〉

이 규칙은 2024년 8월 21일부터 시행한다.

부칙 〈제1099호, 2025. 3. 13.〉

이 규칙은 2025년 3월 21일부터 시행한다.

별표 / 서식

[별표] 보건진료소 시설 및 의료장비 기준(제17조제2항 관련)

[별지 제1호서식] 삭제 〈2003.3.12〉

[별지 제2호서식] 공중보건의사 명단 통보

[별지 제3호서식] 공중보건업무종사명령서

[별지 제4호서식] 공중보건업무 종사명령 통보

[별지 제5호서식] 직무교육 소집통지서

[별지 제6호서식] 직무교육 소집연기신청서

[별지 제7호서식] 공중보건의사 직무교육 결과 통보

[별지 제8호서식] 공중보건의사 배치결과 통보

[별지 제9호서식] 공중보건의사 근무지역 시·도 간 변경 요청

[별지 제10호서식] 공중보건의사 근무지역 등 변경 결과 통보

[별지 제11호서식] 공중보건의사인사관리부

[별지 제12호서식] 직무교육 불응 및 근무지역 이탈 등 불성실 근무자 보고

[별지 제13호서식] 공중보건의사 근무상황 평가 보고

[별지 제14호서식] 전공의 수련 허가 신청서

[별지 제15호서식] 보건진료소 설치상황 보고

[별지 제16호서식] 삭제 〈2012.2.23〉

[별지 제17호서식] 보건진료 전담공무원 직무교육 대상자 선발보고

[별지 제18호서식] 보건진료 전담공무원 직무교육 대상자 소집통지서

[별지 제19호서식] 보건진료 전담공무원 직무교육 등록원서

[별지 제20호서식] 보건진료 전담공무원 직무교육 수료증

[별지 제21호서식] 보건진료 전담공무원 직무교육수료증 발급대장

[별지 제22호서식] 보건진료 전담공무원 직무교육 결과 보고

[별지 제23호서식] 보건진료 전담공무원 보수교육 결과 보고

[별지 제24호서식] 보건진료소(분기, 반기)운영상황 보고서

[별지 제25호서식] 진료기록부

[별지 제26호서식] 조산기록부

[별지 제27호서식] 보건진료소 근무일지

[별지 제28호서식] 의료장비 및 비품 대장

[별지 제29호서식] 월별 의약품 출납대장

대한민국 법령 시리즈 532

농어촌 등 보건의료를 위한 특별조치법

(약칭 : 농어촌의료법)

법 령 / 시 행 령 / 시 행 규 칙

2025년 4월 28일 인쇄 정가 11,000원
2025년 5월 8일 발행

편 저 편집부
디 자 인 송영미
발 행 인 조준형
발 행 처 해광출판사
http://www.hgbookpub.com
E-mail : munbookcokr@naver.com
주 소 부산광역시 중구 해관로 41-1 (중앙동2가)
전화번호 (051) 253-0001 팩스 (051) 245-1187
등 록 제 2012-000005호

해광출판사에서는 여러분의 소중한 원고와 함께 할 기회를 기다리고 있습니다.
책으로 엮을 원고나 아이디어가 있으신 분들은 이메일 munbookcokr@naver.com
로 책에 대한 간단한 개요와 원고 전체 또는 일부를 연락처와 함께 보내주십시오.

ISBN 979-11-6881-822-4

※ 법령 출처 : 법제처 국가법령정보센터
※ 본 도서는 〈공공데이터 제공 및 이용 활성화에 관한 법률〉을 근거로 출판되었습니다.

해광출판사 대한민국 법령 시리즈

001. 선원법
002. 어선법
003. 선박직원법
004. 해사안전기본법
005. 해양환경관리법
006. 선박의 입항 및 출항등에 관한 법률
007. 학교안전사고예방 및 보상에 관한 법률
008. 종합부동산세법
009. 방위사업법
010. 행정규제기본법
011. 식품산업진흥법
012. 위험물안전관리법
013. 화재의 예방 및 안전관리에 관한 법률
014. 도시가스사업법
015. 실내공기질관리법
016. 지방세법
017. 소득세법
018. 법인세법
019. 도선법
020. 선박안전법
021. 선박법
022. 수산업법
023. 고압가스안전관리법
024. 국민연금법
025. 공동주택관리법
026. 화학물질관리법
027. 어선원 및 어선 재해보상보험법
028. 장기등 이식에 관한 법률
029. 자연재해대책법
030. 공유재산 및 물품 관리법
031. 산업입지 및 개발에 관한 법률
032. 부정경쟁방지 및 영업비밀보호에 관한 법률
033. 금융지주회사법
034. 온실가스 배출권의 할당 및 거래에 관한 법률
035. 건축사법
036. 산림문화휴양에 관한 법률
037. 전기사업법
038. 사립학교법
039. 고등교육법
040. 액화석유가스의 안전관리 및 사업법
041. 선박투자회사법
042. 수산자원관리법
043. 위험물선박운송및저장규칙
044. 선박평형수관리법
045. 주택임대차보호법
046. 상가건물임대차보호법
047. 지방공기업법
048. 승강기안전관리법
049. 수목원·정원의 조성 및 진흥에 관한 법률
050. 민법
051. 치료감호 등에 관한 법률
052. 대부업 등의 등록 및 금융이용자 보호에 관한 법률
053. 사료관리법
054. 무형문화재 보전 및 진흥에 관한 법률
055. 총포·도검·화약류 등의 안전관리에 관한 법률
056. 경찰관직무집행법
057. 시설물의 안전 및 유지관리에 관한 특별법
058. 수산생물질병 관리법
059. 소비자기본법
060. 국제선박등록법
061. 정보통신망 이용촉진 및 정보보호 등에 관한 법률
062. 해운법
063. 농수산물 품질관리법
064. 수산업협동조합법
065. 해외건설촉진법
066. 수상레저안전법
067. 공무원재해보상법
068. 수상에서의 수색·구조 등에 관한 법률
069. 어촌어항법
070. 항만법
071. 항만운송사업법
072. 해양경비법
073. 해양사고의 조사 및 심판에 관한 법률
074. 외국인근로자의 고용 등에 관한 법률
075. 중소기업기본법
076. 자유무역지역의 지정 및 운영에 관한 법률
077. 대기환경보전법
078. 소음진동관리법
079. 폐기물관리법
080. 하수도법
081. 물환경보전법
082. 토양환경보전법
083. 환경정책기본법
084. 산업재해보상보험법
085. 관세법
086. 노동조합 및 노동관계조정법
087. 근로기준법
088. 군인연금법
089. 먹는물관리법
090. 기술보증기금법
091. 관광진흥법
092. 감염병의 예방 및 관리에 관한 법률
093. 사법경찰관리의 직무를 수행할 자와 그 직무범위에 관한 법률
094. 수의사법
095. 가정폭력방지 및 피해자보호 등에 관한 법률
096. 환경영향평가법
097. 체육시설의 설치 · 이용에 관한 법률
098. 장사 등에 관한 법률
099. 상호저축은행법
100. 은행법
101. 보호관찰 등에 관한 법률
102. 형법
103. 자동차관리법
104. 형사소송법
105. 전자금융거래법
106. 마약류 불법거래 방지에 관한 특례법
107. 도로법
108. 주세법
109. 변리사법
110. 하천법
111. 중소기업진흥에 관한 법률
112. 발달장애인 권리보장 및 지원에 관한 법률
113. 주택법
114. 장애인복지법
115. 농어업경영체 육성 및 지원에 관한 법률
116. 공인중개사법
117. 건강기능식품에 관한 법률
118. 예비군법
119. 개발제한구역의 지정 및 관리에 관한 특별조치법
120. 국유재산법
121. 주차장법
122. 환경기술 및 환경산업 지원법
123. 대기관리권역의 대기환경개선에 관한 특별법
124. 악취방지법
125. 미세먼지 저감 및 관리에 관한 특별법
126. 가축분뇨의 관리 및 이용에 관한 법률
127. 물의 재이용 촉진 및 지원에 관한 법률
128. 물관리기본법
129. 물관리기술 발전 및 물산업 진흥에 관한 법률
130. 자원의 절약과 재활용촉진에 관한 법률
131. 전기 · 전자제품 및 자동차의 자원순환에 관한 법률
132. 건설폐기물의 재활용촉진에 관한 법률
133. 수도권매립지관리공사의 설립 및 운영 등에 관한 법률
134. 폐기물의 국가 간 이동 및 그 처리에 관한 법률
135. 폐기물처리시설 설치촉진 및 주변지역지원 등에 관한 법률
136. 자원순환기본법
137. 잔류성오염물질 관리법
138. 환경분쟁 조정법

해광출판사 대한민국 법령 시리즈

139. 화학물질의 등록 및 평가 등에 관한 법률
140. 환경오염시설의 통합관리에 관한 법률
141. 환경오염피해 배상책임 및 구제에 관한 법률
142. 중소기업제품 구매촉진 및 판로지원에 관한 법률
143. 환경개선비용 부담법
144. 환경분야 시험·검사 등에 관한 법률
145. 환경친화적 산업구조로의 전환촉진에 관한 법률
146. 환경친화적 자동차의 개발 및 보급 촉진에 관한 법률
147. 환경범죄 등의 단속 및 가중처벌에 관한 법률
148. 생명윤리 및 안전에 관한 법률
149. 장애인차별금지 및 권리구제 등에 관한 법률
150. 부동산투자회사법
151. 정치자금법
152. 과학기술기본법
153. 대리점거래의 공정화에 관한 법률
154. 상속세 및 증여세법
155. 학원의 설립 · 운영 및 과외교습에 관한 법률
156. 해양심층수의 개발 및 관리에 관한 법률
157. 전기용품 및 생활용품 안전관리법
158. 사회기반시설에 대한 민간투자법
159. 공직선거법
160. 정당법
161. 유류오염손해배상 보장법
162. 부정청탁 및 금품등 수수의 금지에 관한 법률
163. 항로표지법
164. 어장관리법
165. 민방위기본법
166. 공직자윤리법
167. 선거관리위원회법
168. 유선 및 도선 사업법
169. 전기공사업법
170. 사회복지사업법
171. 택지개발촉진법
172. 국가공무원법
173. 민간임대주택에 관한 특별법
174. 어음법·수표법
175. 민사집행법
176. 상법
177. 문화예술진흥법
178. 중소기업협동조합법
179. 농업협동조합법
180. 도로교통법
181. 의료사고 피해구제 및 의료분쟁 조정 등에 관한 법률
182. 산림보호법
183. 소년법
184. 동물보호법
185. 건축물관리법
186. 도시개발법
187. 화물자동차 운수사업법
188. 도시 및 주거환경정비법
189. 의료법
190. 국회법
191. 응급의료에 관한 법률
192. 출입국관리법
193. 노인복지법
194. 산림자원의 조성 및 관리에 관한 법률
195. 청소년 보호법
196. 초 · 중등교육법
197. 혁신도시 조성 및 발전에 관한 특별법
198. 경제자유구역의 지정 및 운영에 관한 특별법
199. 공공기관의 운영에 관한 법률
200. 대한민국헌법
201. 국민기초생활 보장법
202. 저작권법
203. 가사소송법
204. 국가유공자 등 예우 및 지원에 관한 법률
205. 국민체육진흥법
206. 전통주 등의 산업진흥에 관한 법률
207. 재난 및 안전관리 기본법
208. 정보통신공사업법
209. 주식회사 등의 외부감사에 관한 법률
210. 공익사업을 위한 토지 등의 취득 및 보상에 관한 법률
211. 개인정보 보호법
212. 국세기본법
213. 에너지이용 합리화법
214. 감정평가 및 감정평가사에 관한 법률
215. 국가인권위원회법
216. 가맹사업거래의 공정화에 관한 법률
217. 보건의료기본법
218. 산업안전보건법
219. 법무사법
220. 교육공무원법
221. 특허법
222. 민사소송법
223. 아동복지법
224. 전파법
225. 하도급거래 공정화에 관한 법률
226. 기초연금법
227. 사립학교교직원 연금법
228. 직업안정법
229. 장애아동 복지지원법
230. 부동산등기법
231. 자동차손해배상 보장법
232. 철도안전법
233. 항공안전법
234. 전자상거래 등에서의 소비자보호에 관한 법률
235. 독점규제 및 공정거래에 관한 법률
236. 상표법
237. 채무자 회생 및 파산에 관한 법률
238. 공무원연금법
239. 축산법
240. 근로복지기본법
241. 민원 처리에 관한 법률
242. 약사법
243. 방문판매 등에 관한 법률
244. 건축기본법
245. 지방세기본법
246. 지방세징수법
247. 지방자치법
248. 도시교통정비 촉진법
249. 공공주택 특별법
250. 국세징수법
251. 공인노무사법
252. 중대재해 처벌 등에 관한 법률
253. 외무공무원법
254. 소방시설공사업법
255. 검역법
256. 공중위생관리법
257. 할부거래에 관한 법률
258. 인터넷 멀티미디어 방송사업법
259. 전기통신사업법
260. 제품안전기본법
261. 철도사업법
262. 어린이제품 안전 특별법
263. 영유아보육법
264. 원자력안전법
265. 보험업법
266. 경비업법
267. 교통안전법
268. 세무사법
269. 관세사법
270. 공인회계사법
271. 지방공무원법
272. 고용정책 기본법
273. 국가경찰과 자치경찰의 조직 및 운영에 관한 법률
274. 협동조합 기본법
275. 재해구호법
276. 환경보건법

해광출판사 대한민국 법령 시리즈

277. 자살예방 및 생명존중문화 조성을 위한 법률
278. 소방산업의 진흥에 관한 법률
279. 소방기본법
280. 비송사건절차법
281. 자연환경보전법
282. 변호사법
283. 기업구조조정투자회사법
284. 전기통신기본법
285. 에너지법
286. 해양생태계의 보전 및 관리에 관한 법률
287. 사회보장기본법
288. 통신비밀보호법
289. 공증인법
290. 물류시설의 개발 및 운영에 관한 법률
291. 청소년활동 진흥법
292. 형의 집행 및 수용자의 처우에 관한 법률
293. 도시공원 및 녹지 등에 관한 법률
294. 태권도 진흥 및 태권도공원 조성 등에 관한 법률
295. 녹색건축물 조성 지원법
296. 우편법
297. 예금자보호법
298. 건설산업기본법
299. 금융회사의 지배구조에 관한 법률
300. 장애인활동 지원에 관한 법률
301. 언론중재 및 피해구제 등에 관한 법률
302. 국가재정법
303. 농지법
304. 게임산업진흥에 관한 법률
305. 정신건강증진 및 정신질환자 복지서비스 지원에 관한 법률
306. 디자인보호법
307. 의료기사 등에 관한 법률
308. 스마트도시 조성 및 산업진흥 등에 관한 법률
309. 내수면어업법
310. 한국주택금융공사법
311. 의료기기법
312. 유통산업발전법
313. 전통시장 및 상점가 육성을 위한 특별법
314. 여신전문금융업법
315. 해외자원개발 사업법
316. 산업교육진흥 및 산학연협력촉진에 관한 법률
317. 빈집 및 소규모주택 정비에 관한 특례법
318. 기업도시개발 특별법
319. 전력기술관리법
320. 국토기본법
321. 지하수법
322. 식품위생법
323. 광업법
324. 호스피스·완화의료 및 임종과정에 있는 환자의 연명의료결정에 관한 법률
325. 주식·사채 등의 전자등록에 관한 법률
326. 표시·광고의 공정화에 관한 법률
327. 골재채취법
328. 국민건강증진법
329. 새마을금고법
330. 여객자동차 운수사업법
331. 마리나항만의 조성 및 관리 등에 관한 법률
332. 한부모가족지원법
333. 국가를 당사자로 하는 계약에 관한 법률
334. 지방자치단체를 당사자로 하는 계약에 관한 법률
335. 축산물 위생관리법
336. 병역법
337. 음악산업진흥에 관한 법률
338. 국가균형발전 특별법
339. 첨단재생의료 및 첨단바이오의약품 안전 및 지원에 관한 법률
340. 공간정보의 구축 및 관리 등에 관한 법률
341. 공유수면 관리 및 매립에 관한 법률
342. 농수산물 유통 및 가격안정에 관한 법률
343. 아시아문화중심도시 조성에 관한 특별법
344. 신탁법
345. 자연공원법
346. 생활화학제품 및 살생물제의 안전관리에 관한 법률
347. 군인사법
348. 국제조세조정에 관한 법률
349. 낙동강수계 물관리 및 주민지원 등에 관한 법률
350. 주민등록법
351. 집합건물의 소유 및 관리에 관한 법률
352. 집단에너지사업법
353. 산림조합법
354. 반도체집적회로의 배치설계에 관한 법률
355. 자본시장과 금융투자업에 관한 법률
356. 담보부사채신탁법
357. 근로자퇴직급여 보장법
358. 국제과학비즈니스벨트 조성 및 지원에 관한 특별법
359. 수도법
360. 식품 등의 표시·광고에 관한 법률
361. 약관의 규제에 관한 법률
362. 인삼산업법
363. 종자산업법
364. 항공사업법
365. 건설기계관리법
366. 군형법
367. 궤도운송법
368. 기술의 이전 및 사업화 촉진에 관한 법률
369. 농수산물의 원산지 표시 등에 관한 법률
370. 담배사업법
371. 석유 및 석유대체연료 사업법
372. 가축전염병 예방법
373. 농어촌정비법
374. 식물신품종 보호법
375. 항공보안법
376. 중소기업창업 지원법
377. 군사법원법
378. 우주개발 진흥법
379. 해저광물자원 개발법
380. 산림복지 진흥에 관한 법률
381. 지능형 로봇 개발 및 보급 촉진법
382. 헌법재판소법
383. 옥외광고물 등의 관리와 옥외광고산업 진흥에 관한 법률
384. 혈액관리법
385. 국제항해선박 등에 대한 해적행위 피해예방에 관한 법률
386. 유료도로법
387. 독립유공자예우에 관한 법률
388. 신에너지 및 재생에너지 개발·이용·보급 촉진법
389. 신용정보의 이용 및 보호에 관한 법률
390. 출판문화산업 진흥법
391. 공항시설법
392. 국민 평생 직업능력 개발법
393. 아동·청소년의 성보호에 관한 법률
394. 방송법쉬
395. 신용보증기금법
396. 화장품법
397. 청소년 기본법
398. 인터넷주소자원에 관한 법률
399. 양곡관리법
400. 도로명주소법
401. 전자문서 및 전자거래 기본법
402. 산업기술의 유출방지 및 보호에 관한 법률
403. 국가기술자격법
404. 양식산업발전법
405. 산업기술혁신 촉진법
406. 새만금사업 추진 및 지원에 관한 특별법
407. 전자정부법
408. 지역 개발 및 지원에 관한 법률
409. 한국농어촌공사 및 농지관리기금법
410. 계량에 관한 법률
411. 기업활동 규제완화에 관한 특별조치법
412. 군에서의 형의 집행 및 군수용자의 처우에 관한 법률

해광출판사 대한민국 법령 시리즈

413. 규제자유특구 및 지역특화발전특구에 관한 규제특례법
414. 금융위원회의 설치 등에 관한 법률
415. 남녀고용평등과 일·가정 양립 지원에 관한 법률
416. 농어업인 삶의 질 향상 및 농어촌지역 개발촉진에 관한 특별법
417. 댐건설·관리 및 주변지역지원 등에 관한 법률
418. 국가유산수리 등에 관한 법률
419. 법원조직법
420. 보훈보상대상자 지원에 관한 법률
421. 부패방지 및 국민권익위원회의 설치와 운영에 관한 법률
422. 과학기술분야 정부출연연구기관 등의 설립·운영 및 육성에 관한 법률
423. 연구개발특구의 육성에 관한 특별법
424. 친환경농어업 육성 및 유기식품 등의 관리·지원에 관한 법률
425. 연안관리법
426. 영화 및 비디오물의 진흥에 관한 법률
427. 신용협동조합법
428. 방송통신발전 기본법
429. 범죄피해자 보호법
430. 가축 및 축산물 이력관리에 관한 법률
431. 국가표준기본법
432. 국가통합교통체계효율화법
433. 범죄인 인도법
434. 국가과학기술 경쟁력 강화를 위한 이공계지원 특별법
435. 국제경기대회 지원법
436. 금융혁신지원 특별법
437. 수자원의 조사·계획 및 관리에 관한 법률
438. 축산자조금의 조성 및 운용에 관한 법률
439. 소방시설 설치 및 관리에 관한 법률
440. 양성평등기본법
441. 축산계열화사업에 관한 법률
442. 수입식품안전관리 특별법
443. 대외무역법
444. 국가연구개발사업 등의 성과평가 및 성과관리에 관한 법률
445. 무역보험법
446. 기술사법
447. 광산안전법
448. 농약관리법
449. 농업·농촌 및 식품산업 기본법
450. 문화산업진흥 기본법
451. 부담금관리 기본법
452. 야생생물 보호 및 관리에 관한 법률
453. 한국은행법
454. 별정우체국법
455. 원양산업발전법
456. 콘텐츠산업 진흥법
457. 한국수출입은행법
458. 외국인투자 촉진법
459. 물류정책기본법
460. 전자서명법
461. 산업발전법
462. 산업표준화법
463. 소프트웨어 진흥법
464. 토지이용규제 기본법
465. 해수욕장의 이용 및 관리에 관한 법률
466. 정보통신 진흥 및 융합 활성화 등에 관한 특별법
467. 정보통신산업 진흥법
468. 지진·화산재해대책법
469. 소금산업진흥법
470. 위치정보의 보호 및 이용 등에 관한 법률
471. 외국법자문사법
472. 이러닝(전자학습)산업 발전 및 이러닝 활용 촉진에 관한 법률
473. 암관리법
474. 실용신안법
475. 가족관계의 등록 등에 관한 법률
476. 무인도서의 보전 및 관리에 관한 법률
477. 감사원법
478. 정보보호산업의 진흥에 관한 법률
479. 결혼중개업의 관리에 관한 법률
480. 공익신고자 보호법
481. 박물관 및 미술관 진흥법
482. 낚시 관리 및 육성법
483. 동산·채권 등의 담보에 관한 법률
484. 임금채권보장법
485. 국민투표법
486. 농림수산업자 신용보증법
487. 국가채권 관리법
488. 중소기업은행법
489. 식품안전기본법
490. 외국환거래법
491. 발명진흥법
492. 건설기술 진흥법
493. 기후위기 대응을 위한 탄소중립·녹색성장 기본법
494. 인체조직안전 및 관리 등에 관한 법률
495. 엔지니어링산업 진흥법
496. 신문 등의 진흥에 관한 법률
497. 식물방역법
498. 석탄산업법
499. 산업융합 촉진법
500. 비료관리법
501. 임업 및 산촌 진흥촉진에 관한 법률
502. 복권 및 복권기금법
503. 대규모유통업에서의 거래 공정화에 관한 법률
504. 뉴스통신 진흥에 관한 법률
505. 지능정보화 기본법
506. 자격기본법
507. 중소기업 기술혁신 촉진법
508. 국가공간정보 기본법
509. 농어업재해대책법
510. 방송광고판매대행 등에 관한 법률
511. 지식재산 기본법
512. 초고층 및 지하연계 복합건축물 재난관리에 관한 특별법
513. 해양 조사와 해양정보 활용에 관한 법률
514. 공간정보산업 진흥법
515. 공공기관의 정보공개에 관한 법률
516. 행정기본법
517. 해상교통안전법
518. 농어업재해보험법
519. 문화유산의 보존 및 활용에 관한 법률
520. 자연유산의 보존 및 활용에 관한 법률
521. 국토의 계획 및 이용에 관한 법률
522. 건축법
523. 국민건강보험법
524. 계엄법
525. 환경친화적 선박의 개발 및 보급 촉진에 관한 법률
526. 해양폐기물 및 해양오염퇴적물 관리법
527. 연안사고 예방에 관한 법률
528. 전기안전관리법
529. 의약품 등의 안전에 관한 규칙
530. 공공보건의료에 관한 법률
531. 군보건의료에 관한 법률
532. 농어촌 등 보건의료를 위한 특별조치법

*** 해광출판사의 법령 시리즈는 계속 발행 됩니다.**
**** 각 도서의 개정판은 인쇄일을 기준으로 제작 되었습니다.**